Weiterführend empfehlen wir:

Profi-Handbuch
Wohnungs- und Hausverwaltung
ISBN 978-3-8029-3353-0

ABC des Mietrechts
ISBN 978-3-8029-3289-2

Die Eigentumswohnung von A–Z
ISBN 978-3-8029-3567-1

So viel ist Ihr Haus wert
ISBN 978-3-8029-3649-4

Immobilien günstig ersteigern
ISBN 978-3-8029-3628-9

Ihre Rechte in der Wohnungseigentümerversammlung
ISBN 978-3-8029-3619-7

Profi-Handbuch
Wertermittlung von Immobilien
ISBN 978-3-8029-3354-7

Wir freuen uns über Ihr Interesse an diesem Buch. Gerne stellen wir Ihnen zusätzliche Informationen zu diesem Programmsegment zur Verfügung.

Bitte sprechen Sie uns an:

E-Mail: WALHALLA@WALHALLA.de
http://www.WALHALLA.de

Walhalla Fachverlag · Haus an der Eisernen Brücke · 93042 Regensburg
Telefon (0941) 5684-0 · Telefax (0941) 5684-111

Florian Streibl

Profi-Handbuch
für Wohnungs-
eigentümer

Pflichten kennen – Rechte durchsetzen
Für Selbstnutzer und Vermieter

7., aktualisierte Auflage

Bibliografische Information der Deutschen Nationalbibliothek
Die Deutsche Nationalbibliothek verzeichnet diese Publikation in der Deutschen Nationalbibliografie; detaillierte bibliografische Daten sind im Internet unter http://dnb.d-nb.de abrufbar.

Zitiervorschlag:
Florian Streibl, Profi-Handbuch für Wohnungseigentümer
Walhalla Fachverlag, Regensburg 2010

Hinweis: Unsere Werke sind stets bemüht, Sie nach bestem Wissen zu informieren. Die vorliegende Ausgabe beruht auf dem Stand von August 2010. Verbindliche Auskünfte holen Sie gegebenenfalls bei Ihrem Steuerberater, Sachverständigen oder Rechtsanwalt ein.

7., aktualisierte Auflage

© Walhalla u. Praetoria Verlag GmbH & Co. KG, Regensburg
Alle Rechte, insbesondere das Recht der Vervielfältigung und Verbreitung sowie der Übersetzung, vorbehalten. Kein Teil des Werkes darf in irgendeiner Form (durch Fotokopie, Datenübertragung oder ein anderes Verfahren) ohne schriftliche Genehmigung des Verlages reproduziert oder unter Verwendung elektronischer Systeme gespeichert, verarbeitet, vervielfältigt oder verbreitet werden.
Produktion: Walhalla Fachverlag, 93042 Regensburg
Umschlaggestaltung: grubergrafik, Augsburg
Druck und Bindung: Westermann Druck Zwickau GmbH
Printed in Germany
ISBN 978-3-8029-3358-5

Nutzen Sie das Inhaltsmenü:
Die Schnellübersicht führt Sie zu Ihrem Thema.
Die Kapitelübersichten führen Sie zur Lösung.

Abkürzungen 7

Wohnungseigentum
kompetent verwalten! 9

1 Grundwissen
Wohnungseigentum 11

2 Begründung und Erwerb
von Wohnungseigentum 41

3 Abnahme einer Wohnung 59

4 Verwaltung und
Verwaltungsbeirat 79

5 Die Jahresabrechnung 105

6 Die Wohnungseigentümerversammlung und Beschluss-
fassung 121

7 Gerichtsverfahren 205

Stichwortverzeichnis 221

Abkürzungen

a. A.	anderer Ansicht
Abs.	Absatz
AfA	Absetzung für Abnutzung
AG	Amtsgericht
AGBG	Gesetz über die allgemeinen Geschäftsbedingungen
AK	Anschaffungskosten
Art.	Artikel
Az.	Aktenzeichen
BauR	Zeitschrift „Baurecht"
BayDSchG	Bayerisches Denkmalschutzgesetz
BayObLG	Bayerisches Oberstes Landesgericht
BayObLGZ	Entscheidungen des Bayerischen Oberlandesgerichts in Zivilsachen
BB	Zeitschrift „Betriebsberater"
Bd.	Band
2. BVO	2. Berechnungsverordnung
BFH	Bundesfinanzhof
BGB	Bürgerliches Gesetzbuch
BGH	Bundesgerichtshof
BGHZ	Bundesgerichtshof, Entscheidungen in Zivilsachen
BStBl	Bundessteuerblatt
bzw.	beziehungsweise
DB	Zeitschrift „Der Betrieb"
d. h.	das heißt
DNotZ	Deutsche Notarzeitschrift
DWE	Zeitschrift „Der Wohnungseigentümer"
DWW	Zeitschrift „Deutsche Wohnungswirtschaft"
ErbbauRVO	Erbbaurechtsverordnung
ErbStG	Erbschaftsteuer- und Schenkungsteuergesetz
EStG	Einkommensteuergesetz
f.	folgende

Abkürzungen

FA	Finanzamt
FG Prax	Praxis der Freiwilligengerichtsbarkeit
FGG	Gesetz über die Angelegenheiten der freiwilligen Gerichtsbarkeit
GoB	Grundsätze ordnungsmäßiger Buchführung
GVG	Gerichtsverfassungsgesetz
i. S. d.	im Sinne des
KG	Kammergericht
LG	Landgericht
MaBV	Makler- und Bauträgerverordnung
MDR	Zeitschrift „Monatsschrift für Deutsches Recht"
MitBayNot	Mitteilung des Bayerischen Notarvereins
NJW	Zeitschrift „Neue Juristische Wochenschrift"
NJW-RR	Zeitschrift „Neue Juristische Wochenschrift" – Rechtsprechung
NZM	Neue Zeitschrift für Miet- und Wohnungsrecht
OLG	Oberlandesgericht
OLGZ	Entscheidungen der Landesgerichte in Zivilsachen
Rpfleger	Zeitschrift „Der Deutsche Rechtspfleger"
Rspr	Rechtsprechung
Rn.	Randnummer
RVG	Rechtsanwaltsvergütungsgesetz
VersR	Zeitschrift „Versicherungsrecht"
WoBauG	Wohnungsbaugesetz
WoBindG	Wohnungsbindungsgesetz
WE	Zeitschrift „Wohnungseigentum"
WEG	Wohnungseigentumsgesetz
WEM	Zeitschrift „Wohnungseigentümermagazin"
WM	Zeitschrift „Wohnungswirtschaft und Mietrecht"
WPM	Zeitschrift „Wertpapiermitteilungen"
WuH	Zeitschrift „Wohnung und Haus"
z. B.	zum Beispiel
ZPO	Zivilprozessordnung
ZMR	Zeitschrift „Zeitschrift für Miet- und Raumrecht"
ZWE	„Zeitschrift für Wohnungseigentumsrecht"

Wohnungseigentum kompetent verwalten!

Das Wohnungseigentum gewinnt in unserer Gesellschaft immer mehr an Bedeutung. Zwar ist es der Wunschtraum der meisten Bundesbürger, ein freistehendes Einfamilienhaus mit Garten zu besitzen. Da aber Grund nicht beliebig vermehrbar ist und diesem Wunsch in vielfältiger Weise finanzielle oder geographische Hinderungsgründe entgegenstehen, liegt es auf der Hand, dass sich immer mehr Mitbürger für die Form des Wohnungseigentums entscheiden, welche eine sinnvolle Alternative zum Eigenheim oder zur Mietwohnung bildet. Der Wohnungseigentümer ist somit der Hausbesitzer im Kleinen. Im Gegensatz zu diesem ist er aber in die Wohnungseigentümergemeinschaft eingebunden. Der Hausbesitzer kann selbst entscheiden, wann und wo Arbeiten am Haus vorgenommen werden. Der Wohnungseigentümer hingegen kann hierüber nicht frei entscheiden, aber er kann seine Meinung in die Wohnungseigentümergemeinschaft einbringen. Hieraus können vielfältige Konflikte innerhalb einer Wohnungseigentümergemeinschaft entstehen. Im Gegensatz zum Wohnungseigentümer muss der Mieter seine Meinung und seine Rechtsansprüche nur dem Vermieter gegenüber vertreten, der Wohnungseigentümer hingegen gegenüber der Wohnungseigentümergemeinschaft, dem Verwalter oder dem Verwaltungsbeirat. Insofern ist es für den Wohnungseigentümer in vielfältiger Weise schwieriger und anstrengender, seine Meinung durchzusetzen und sein Eigentum zu verwalten.

Ziel dieses Buches

Aufgrund des Erfolges meines Buches „Ihr Recht in der Wohnungseigentümerversammlung" und den vielfältigen Anfragen interessierter Leser sah ich mich verpflichtet, dieses Buch zu verfassen, da der Wohnungseigentümer nicht nur in der Wohnungseigentümerversammlung gefordert ist, sondern sich auch in anderen Bereichen kompetent mit dem Wohnungseigentum auseinandersetzen muss. Dies beginnt schon beim Erwerb einer Eigentums-

Vorwort

wohnung, dem Abschluss eines Kauf- oder Bauträgervertrags, den bautechnischen Informationen, der Finanzierung seines Wohnungseigentums, aber auch bei der Verwaltung seiner Eigentumswohnung und nicht zuletzt im gerichtlichen Verfahren.

Das heißt, dieses Handbuch ist gerade für den Wohnungseigentümer und nicht für den Verwalter geschrieben. Denn für den Verwalter oder den Verwaltungsbeiratsvorsitzenden ist eine ganze Palette von Büchern erhältlich, während der Wohnungseigentümer mit seinen eigenen, teilweise konträren Interessen nicht berücksichtigt wird. Ziel dieses Profi-Handbuches ist es, interessierten Wohnungseigentümern eine Handreichung zu geben, womit er zum kompetenten Gesprächspartner für Verwalter, Bauträger oder Anwalt wird.

Bedenken Sie jedoch: Dieses Buch kann lediglich einen kurzen Überblick über die einzelnen Themenbereiche, die Rechtsprechung und die Auslegung des Gesetzes liefern. Die hier aufgeführten Beispiele können auch immer nur Einzelfälle darstellen. Denn die Vielgestaltigkeit des Lebens übersteigt den Umfang dieses Buchs, weswegen Sie in Ihrem persönlichen Fall immer den kompetenten Rat eines Rechtsanwalts einholen sollten.

Das maßgerechte Anwenden der Gesetze und der Rechtsprechung auf Ihren Fall muss der Fachmann übernehmen. Hilfreich kann Ihnen dieses Buch jedoch dann sein, wenn Sie entscheiden müssen, ob der Weg zum Anwalt notwendig wird oder ob Sie die Angelegenheit selbst in die Hand nehmen können.

Florian Streibl

Grundwissen Wohnungseigentum

1

1. Wohnungseigentum: Was ist das? 12
2. Sondereigentum 13
3. Gemeinschaftseigentum 16
4. Mitgliedschaftsrechte 23
5. Teileigentum 25
6. Wohnungseigentum 26
7. Sondernutzungsrecht 27
8. Wie Wohnungseigentum entsteht 30

Grundwissen Wohnungseigentum

1. Wohnungseigentum: Was ist das?

Infolge des Wirtschaftswunders nach dem Zweiten Weltkrieg und wegen der Unvermehrbarkeit und der Knappheit von Grund und Boden trat das Wohnungseigentumsgesetz (WEG) am 30.03.1951 in Kraft. Sinn und Zweck des Wohnungseigentumsgesetzes war, die nach dem Zweiten Weltkrieg bestehende Wohnungsnot zu beseitigen und es der Bevölkerung der Bundesrepublik Deutschland zu ermöglichen, Grundeigentum im Sinne des Wohnungseigentumsgesetzes zu schaffen, welches wertbeständig ist. Heute ist Erwerb von Wohnungseigentum selbstverständlich und hat als Immobilieneigentum in der Bevölkerung einen hohen Stellenwert als Kapitalanlage.

In § 1 Abs. 2 WEG heißt es hierzu: „Wohnungseigentum ist das Sondereigentum an einer Wohnung in Verbindung mit dem Miteigentumsanteil an dem gemeinschaftlichen Eigentum, zu dem es gehört."

Im BGB gilt der Grundsatz, dass ein Gebäude wesentlicher Bestandteil des Grundstücks ist, auf dem es steht. Daher ist der Grundstückseigentümer auch Eigentümer des Gebäudes. Dieser Grundsatz des BGB wird durch das WEG durchbrochen, da der Wohnungseigentümer, durch einen Miteigentumsanteil an dem gesamten Bauwerk, ein eigenes wirkliches Eigentum an einem Teil eines Gebäudes erwerben kann. Das Wohnungseigentum unterteilt sich in Sondereigentum und Gemeinschaftseigentum. Für den Wohnungseigentümer ist das Sondereigentum ausschlaggebend.

Rechtliche Grundlagen

Dies wird in § 5 WEG beschrieben. Sondereigentum ist der Bereich, der durch Vertrag den einzelnen Eigentümern zugewiesen wird. Sondereigentum kann an allen wesentlichen Bestandteilen des Gebäudes begründet werden (Bärmann/Pick/Merle, Wohnungseigentumsgesetz, 8. Auflage, München 2000, Einleitung Rn. 45). Das Wohnungseigentum wird heute als gemischt-typisches Recht, bestehend aus Sachen-, Schuld- und Gemeinschaftsrecht, anerkannt (vgl. Bärmann/Pick/Merle, Einleitung Rn. 49; OLG Hamm, OLGZ 1983, 386).

Demzufolge besteht das Wohnungseigentum aus:
- Miteigentum
- Sondereigentum
- Gemeinschaftseigentum

Kurz gesagt, besteht Ihr Recht am Wohnungseigentum aus dem Sondereigentum an Ihrer Eigentumswohnung, dem Miteigentum gemäß Ihres Miteigentumsanteils an dem Gemeinschaftseigentum und aus Ihren Mitgliedschaftsrechten in der Wohnungseigentümergemeinschaft. Aus diesen drei Rechtskomplexen setzt sich Ihr spezifisches Eigentumsrecht zusammen.

2. Sondereigentum

Das Sondereigentum durchbricht das Einheitsprinzip des BGB und begründet Alleineigentum an Teilen eines Gebäudes. Dies ist das Herzstück des Wohnungseigentums. Das Sondereigentum ist echtes Eigentum. Es ist das Alleineigentum an einer Wohnung oder an nicht zu Wohnzwecken dienenden Räumen, wie z. B. dem Keller. Das Sondereigentum beschränkt die Rechte der Miteigentümer an der Wohnung.

Umfang des Sondereigentums

Das Sondereigentum umfasst die gesamte Wohnung. Es sind die Räume, welche durch Vertragsabschluss als Sondereigentum ausgewiesen sind. Hierzu gehören auch die Räume, die Bestandteil des Gebäudes sind, welche verändert, beseitigt oder eingefügt werden können, ohne dass dadurch das Gemeinschaftseigentum oder ein auf Sondereigentum beruhendes Recht eines anderen Wohnungseigentümers über das nach § 14 WEG zulässige Maß beeinträchtigt wird bzw. die äußere Gestalt des Gebäudes nicht verändert wird. Sondereigentum ist grundsätzlich die in sich abgeschlossene Wohnung, Innentüren, Verputz, Tapeten, Einbauschränke, Deckenunterseite, der Fußbodenbelag, die Heizkörper, Armaturen und Sanitäreinrichtungen (Bärmann/Pick, § 5 Rn. 18, 27; OLG Köln,

OLGZ 1976, 142). Teil des Sondereigentums können auch Balkone, Dachterrassen oder Loggien sein (OLG Frankfurt, Rechtspfleger 1975, 178). Hierbei ist jedoch zu beachten, dass die Dachterrassenfläche z. B. sondereigentumsfähig ist, nicht jedoch die konstruktiven, tragenden Teile. Erdgeschossterrassen sind nach herrschender Meinung hingegen nicht sondereigentumsfähig, da es sich hierbei nicht um einen umbauten Raum handelt (vgl. OLG Köln, DWE 1983, 28; Bay ObLG vom 15. 9. 83, Az.: 2 Z 87/82). Es ist allerdings möglich, dass ein Schwimmbad oder eine Sauna in der Teilungserklärung zum Sondereigentum erklärt wird, wenn sie nicht dem gemeinschaftlichen Gebrauch dienen.

Vom Sondereigentumsrecht werden auch diejenigen Nebenräume umfasst, die von den Haupträumen örtlich getrennt sind, die Nebenräume müssen verschließbar sein. Dazu gehören Keller, Hobbyräume, Garagen, Nebengebäude, Lagerhallen, Speicherräume (BayObLG, Rpfleger 1982, 21). Auch einzelne Garagenstellplätze oder sogenannte Duplexgaragen sind sondereigentumsfähig (vgl. Bärmann/Pick § 5, Rn. 19; a. A. BayObLG NJW-RR 1995, 783).

Was ist sondereigentumsfähig?

Grundsätzlich bestimmt § 5 WEG, was sondereigentumsfähig ist:

- Das Sondereigentum muss positiv bestimmt werden.
- Was nicht zum Sondereigentum erklärt wurde, ist Gemeinschaftseigentum.
- Im Zweifelsfall liegt Gemeinschaftseigentum vor.
- Aus der Teilungserklärung und dem Aufteilungsplan muss eindeutig bestimmbar sein, was Sondereigentum ist.
- Bestimmte Gebäudeteile gehören immer zum Gemeinschaftseigentum und können nicht zum Sondereigentum erklärt werden.
- Alles, was nicht Gemeinschaftseigentum ist und somit Sondereigentum sein kann, muss auch zum Sondereigentum erklärt werden.

Sondereigentum

Die Eigentümer können entscheiden, ob sie bestimmte Gebäudeteile, wie Kellerabteile, zum Sondereigentum erklären. So kann z. B. die Hausmeisterwohnung im Gemeinschaftseigentum verbleiben.

Ohne Raum kein Sondereigentum

Das Sondereigentum ist immer Raumeigentum. Der Raum ist ein Gebäudeteil, der umbaut ist, d. h. er ist von Boden, Wänden und Decken umschlossen bzw. erkennbar der Länge, Höhe und Breite nach abgegrenzt. Ein Raum kann aus zusammengefassten Räumlichkeiten einer Wohnung bestehen. Raum ist somit der Luftraum innerhalb einer Ummauerung. Somit können unbebaute Grundstücksteile wie Erdgeschossterrassen nicht Gegenstand des Sondereigentums sein. Der Raum muss jedoch nicht nach allen Seiten begrenzt sein. Das heißt, auch eine Garage oder ein Balkon können Sondereigentum werden (vgl. OLG Düsseldorf, WM 1999, 349).

Sondereigentum ist echtes Eigentum i. S. d. § 903 BGB, und der Eigentümer kann mit seinem Eigentum beliebig verfahren. Negative Einwirkungen Dritter auf sein Eigentum darf er abwehren.

Achtung: Die Unterteilung von Sondereigentum und Gemeinschaftseigentum ist für die Praxis von großer Bedeutung. Über das Sondereigentum können Sie als echter Eigentümer allein verfügen. Hier kann Ihnen in der Regel die Eigentümergemeinschaft keine Vorschriften machen. Bezüglich des Gemeinschaftseigentums müssen Sie sich jedoch mit der Eigentümergemeinschaft verständigen.

Abgrenzung: Sondereigentum/Gemeinschaftseigentum

In der Praxis wird häufig über die Abgrenzung zwischen Gemeinschaftseigentum und Sondereigentum gestritten. Beispielhaft kann die Frage, ob ein Reklameschild an der Hauswand angebracht werden kann, genannt werden. Hierzu wurde jedoch entschieden, dass Reklameschilder das Gemeinschaftseigentum betreffen und somit die Eigentümergemeinschaft entscheiden muss (OLG Stuttgart, WEM 1980, 38). Desgleichen sind Außenanstriche von Wänden, Fensteraußenseiten und Balkonbrüstungen Sache der Eigentümergemeinschaft.

Sind Terrassen Sondereigentum?

Bei Dächern oder Terrassendächern ist von Gemeinschaftseigentum auszugehen, auch dann, wenn z. B. bei einer Dachterrasse die Terrassenoberfläche als Sondereigentum genutzt wird (OLG Düsseldorf, NZM 2002, 493). Die Isolierungen und der Estrich unter einer Terrassenoberfläche sind nach BayObLG (WE 1987, 155) Gemeinschaftseigentum, weil die Isolierschicht ein konstruktives Element des gesamten Baukörpers ist. Sofern der Estrich als Einheit mit der Isolierung gesehen wird, ist auch dieser dem Gemeinschaftseigentum zuzurechnen (vgl. Sauren, Rpfleger 1985, 437). Wenn der Estrich jedoch als reine Unterlage für einen Oberflächenbelag betrachtet wird, ist er dem Sondereigentum zuzuordnen (OLG Köln, OLGZ 1976, 144).

3. Gemeinschaftseigentum

Gemeinschaftseigentum sind das Grundstück und das Gebäude mit Ausnahme der Teile, welche im Sondereigentum stehen. Zum Gebäude zählen v. a. die tragenden Bauteile, Versorgungsleitungen, Heizungsanlage, Aufzug, Treppenhaus, Fassade und Wohnungsabschlusstüren (OLG München, ZMR 1972, 210). Gemeinschaftsanlagen, wie Gemeinschaftsräume und Außenanlage, die dem gemeinschaftlichen Gebrauch dienen, gehören zum Gemeinschaftseigentum. Die Gesamtheit der Eigentümer verwaltet durch die Eigentümerversammlung das Gemeinschaftseigentum. Die Kosten, die hierfür entstehen, werden von den Eigentümern gemeinschaftlich, entsprechend ihrer Miteigentumsanteile oder eines anderen Verteilungsschlüssels, getragen. Gemäß § 1 Abs. 5 WEG ist das gemeinschaftliche Eigentum „… das Grundstück sowie die Teile, Anlagen und Einrichtungen des Gebäudes, die nicht im Sondereigentum oder im Eigentum eines Dritten stehen." Da das Sondereigentum nach § 3 Abs. 1 WEG ausdrücklich bestimmt werden muss, ist im

Gemeinschaftseigentum

Umkehrschluss alles Gemeinschaftseigentum, was nicht als Sondereigentum benannt ist. Insofern besteht eine gesetzliche Vermutung für das Gemeinschaftseigentum, so dass im Zweifel, wenn zwischen Sondereigentum und Gemeinschaftseigentum zu wählen ist, die Entscheidung für das Gemeinschaftseigentum fällt. Im Gesetz wird zwischen zwingendem Gemeinschaftseigentum und möglichem Gemeinschaftseigentum unterschieden. Zwingendes Gemeinschaftseigentum ist Gemeinschaftseigentum, das nicht in Sondereigentum umgewandelt werden kann. Dies sind Gebäudeteile, die dem Willen der Vertragsparteien entzogen sind und über die nicht entschieden werden kann, ob diese Teile Sondereigentum werden.

Zum zwingenden Gemeinschaftseigentum zählen das Grundstück sowie alle Teile des Gebäudes, welche für dessen Bestand oder Sicherheit erforderlich sind und die dem gemeinschaftlichen Gebrauch aller Wohnungseigentümer dienen (§ 5 Abs. 2 WEG). Alle anderen Gebäudeteile, die nicht in diesem Sinn zweckbestimmt sind, sind sondereigentumsfähig.

Das gehört zum zwingenden Gemeinschaftseigentum!

- Außenanlage
- Außenfenster
- Balkonaußengitter
- Balkonplatte
- Elektrozähler
- Entsorgungsleitungen
- Fahrstühle
- Fassaden
- Fensterläden
- Fundament
- Geschossdecken
- Grundstück
- Hauseingang
- Heizungsanlage
- Kamine
- Kellerboden
- Kellerdecke
- Korridore
- Öltank
- Rollläden
- Sämtliche Stützmauern (Außenmauern/tragende Innenmauern)
- Tragende Mauern
- Treppe
- Versorgungsleitungen
- Wasser- und Abwasserleitungen bis zur Wohnung

Grundwissen Wohnungseigentum

Vorstehende Aufzählung kann letztlich immer nur unvollständig sein, da es im konkreten Fall zu entscheiden ist, was für den Bestand und die Sicherheit des Gebäudes erforderlich ist.

Zwar schweigt das Gesetz darüber, ob die äußere Gestaltung des Gebäudes durch die Eigentümergemeinschaft zu gestalten ist. Daraus ergibt sich aber, dass Veränderungen, Einfügungen oder Beseitigungen von Bestandteilen nicht zulässig sind, wenn die äußere Gestaltung des Gebäudes verändert wird (§ 5 Abs. 1 WEG). Insofern müssen Gestaltungselemente auch von der Eigentümergemeinschaft beschlossen werden.

Unterscheidung Sonder- bzw. Gemeinschaftseigentum

Die Unterscheidung von Sondereigentum und Gemeinschaftseigentum hat für Sie als Wohnungseigentümer eine große wirtschaftliche Bedeutung, da Sie für das Sondereigentum selbst die Kosten tragen müssen, im Bereich des Gemeinschaftseigentums muss die Eigentümergemeinschaft für die Kosten aufkommen. So unterscheiden Sie Sonder- und Gemeinschaftseigentum:

Checkliste: Sonder-/Gemeinschaftseigentum		
Gebäudeteil	Sondereigentum	Gemeinschaftseigentum
Abflussrohre	☐	☒
Abstellplätze	☐	☒
Abgasrohre (Dunstabzug)	☐	☒
Antennenanlage (gemeinschaftlich)	☐	☒
Antennensteckdose	☒	☐
Außenjalousien	☐	☒
Außenwände	☐	☒
Außenbestandteile	☐	☒
Aufzüge	☐	☒

Gemeinschaftseigentum

noch: Checkliste: Sonder-/Gemeinschaftseigentum

Gebäudeteil	Sondereigentum	Gemeinschaftseigentum
Bad	☒	☐
Balkondecken	☐	☒
Balkongeländer	☐	☒
Balkon-Innenanstrich	☒	☐
Balkonisolierschicht	☐	☒
Balkon, Plattenbelag	☒	☐
Balkonabschlussgitter	☐	☒
Balkonaußenwände	☐	☒
Balkonkästen	☒	☐
Balkonraum	☒	☐
Balkontrennwand	☐	☒
Blumentröge (Balkon oder Terrassenbegrenzung)	☐	☒
Bodenbeläge (auf Sondereigentumsflächen)	☒	☐
Bodenbeläge (als Unterbodenkonstruktion)	☐	☒
Brandmauer	☐	☒
Dächer	☐	☒
Dachterrassen (oberste begehbare Schicht)	☒	☐
Deckenverkleidung	☒	☐
Dielen (sondereigentumsaußenseitig)	☐	☒
Einbauschränke	☒	☐
Entlüftungen (Entlüftungsschächte)	☐	☒
Entlüftungsmotoren (im Bad/WC)	☒	☐

Grundwissen Wohnungseigentum

noch: Checkliste: Sonder-/Gemeinschaftseigentum

Gebäudeteil	Sondereigentum	Gemeinschaftseigentum
Estrich (als Schutz der Isolierung)	☐	☒
Etagenheizung	☒	☐
Fassaden	☐	☒
Fahrstuhl	☐	☒
Fahrradraum	☐	☒
Fenster	☐	☒
Fensterrahmen	☐	☒
Fenster (Außenfenster)	☐	☒
Fenster (Innenbeschläge/Innenrahmen)	☒	☐
Fensterbänke (außen)	☐	☒
Fensterbänke (innen)	☒	☐
Fensterläden	☐	☒
Flur (sondereigentumsaußenseitig)	☐	☒
Fettabscheider	☐	☒
Filter (rauminnenseitige Motoren)	☒	☐
Fliesen (Wand-/Bodenfliesen einschließlich Kleber)	☒	☐
Fliesen (als konstruktives Schutzbauelement)	☐	☒
Fundament	☐	☒
Fußbodenbeläge	☒	☐
Garagen	☒	☐
Gemeinschaftsantennen	☐	☒
Gitterabdeckungen (in Küchen/Bädern)	☒	☐
Hausfassade	☐	☒
Haussprechanlage	☐	☒

Gemeinschaftseigentum

noch: Checkliste: Sonder-/Gemeinschaftseigentum

Gebäudeteil	Sondereigentum	Gemeinschaftseigentum
Hebeanlagen	☐	☒
Hebebühnen	☒	☐
Heizkörper	☒	☐
Heizmesseinrichtungen	☐	☒
Heizkostenverteiler	☐	☒
Heizungsanlage	☐	☒
Heizungsraum	☐	☒
Innenputz	☒	☐
Innentüren	☒	☐
Isolierungen	☐	☒
Jalousien	☐	☒
Kanalisation	☐	☒
Kamin (Hauskamin)	☐	☒
Kamin (offener ~)	☒	☐
Kellerabteil (als Nebenräume)	☒	☐
Kellerabteil (mit Trenngittern)	☐	☒
Kellerdecken	☐	☒
Klingelanlage	☐	☒
Leitungen (Versorgungsleitungen)	☐	☒
Lichtschächte	☐	☒
Lichtkuppeln	☐	☒
Markisen	☐	☒
Müllschächte	☐	☒
Putz (außenseitig)	☐	☒
Putz (innenseitig)	☒	☐

Grundwissen Wohnungseigentum

noch: Checkliste: Sonder-/Gemeinschaftseigentum

Gebäudeteil	Sondereigentum	Gemeinschaftseigentum
Reklameschriften (als Fassadenbestandteile)	☐	☒
Rollläden	☐	☒
Sanitäreinrichtungsgegenstände	☒	☐
Schaukästen (an Fassade)	☐	☒
Schaufensterscheiben	☐	☒
Schilder	☐	☒
Tapeten	☒	☐
Terrassen (im Erdgeschoss)	☐	☒
Terrassen (Dachterrassen)	☒	☐
Thermostatventile	☐	☒
Treppen (im Hausflur)	☐	☒
Treppen (in der Wohnung)	☒	☐
Treppenhaus	☐	☒
Trockenplatz	☐	☒
Türen (als Begrenzung zum Gemeinschaftseigentum)	☐	☒
Türen (wohnungsinnenseitig)	☒	☐
Ventile (als Zubehör an Heizkörpern)	☒	☐
Ventile (als Zubehör am gesamten Heizsystem)	☐	☒
Versorgungsleitungen (außerhalb)	☐	☒
Versorgungsleitungen (in der Wohnung)	☒	☐
Vestibül	☐	☒
Vorhalle	☐	☒
Wände (tragend)	☐	☒
Wände (Begrenzung zum Sondereigentum)	☐	☒

noch: Checkliste: Sonder-/Gemeinschaftseigentum

Gebäudeteil	Sondereigentum	Gemeinschaftseigentum
Wände (Zimmertrennwände im Sondereigentum)	☒	☐
Wärmemengenzähler	☒	☐
Wasseruhren	☐	☒
Wohnungseingangstüre (innenseitig)	☒	☐
Wohnungseingangstüre (außenseitig)	☐	☒
Wohnungseingangstüre (Rahmen)	☐	☒
Zähler (Verbrauchsmesseinrichtung zur einheitlichen Energieverbrauchskostenabrechnung)	☐	☒
Zentralheizungsanlage	☐	☒
Zugangsflächen	☐	☒
Zwischendecken (als Einrichtungsteil)	☒	☐
Zwischendecken (zur Isolierung von Rohrleitungen unter der Trenndecke)	☐	☒
Zwischenwände (nicht tragend)	☒	☐

4. Mitgliedschaftsrechte

Neben Gemeinschaftseigentum und Sondereigentum ist die Mitgliedschaft des Wohnungseigentümers in der Wohnungseigentümergemeinschaft die dritte Säule, auf der das Wohnungseigentum ruht. Diese Mitgliedschaft entsteht durch das Miteigentum des Wohnungseigentümers am gemeinschaftlichen Grundstück. Es ist eine durch das Wohnungseigentümergesetz besonders ausgestaltete Bruchteilsgemeinschaft.

Was ist eine Bruchteilsgemeinschaft?

Die Bruchteilsgemeinschaft bildet sich, wenn mehreren Personen gemeinschaftlich an einer bestimmten Sache Eigentum in gleichen

Grundwissen Wohnungseigentum

oder in verschiedenen Anteilen zusteht. Dieser Anteil, der Bruchteil, ist ideell, d. h. rechnerisch und nicht real zu verstehen.

Die Wohnungseigentümergemeinschaft ist im Gesamten nicht rechts- oder parteifähig. Wird diese verklagt, so muss grundsätzlich immer jeder einzelne Wohnungseigentümer selbst verklagt werden.

Die Wohnungseigentümergemeinschaft als Verband: Teilrechtsfähigkeit

Mit der Entscheidung vom 02.06.2005 hat der 5. Zivilsenat des Bundesgerichtshofs die Rechtsfähigkeit der Wohnungseigentümergemeinschaft anerkannt, soweit sie bei der Verwaltung des gemeinschaftlichen Eigentums am allgemeinen Rechtsverkehr teilnimmt. Dies hat zur Folge, dass die Wohnungseigentümergemeinschaft als selbstständiges Rechtssubjekt bei der Verwaltung des gemeinschaftlichen Eigentums am Rechtsverkehr teilnehmen kann, d. h. die Wohnungseigentümergemeinschaft kann z. B. unter dem Namen „Wohnungseigentümergemeinschaft, König-Ludwig-Straße 350–351, Oberammergau" Rechte erwerben und Verbindlichkeiten eingehen. Somit ist die Wohnungseigentümergemeinschaft auch parteifähig und kann vor Gericht klagen und verklagt werden. Für die Gemeinschaft handeln dann ihre Organe, dies sind die Wohnungseigentümer und der Verwalter.

Folglich kann im Innenverhältnis die Wohnungseigentümergemeinschaft gegen säumige Miteigentümer das Hausgeld, ebenso wie Beiträge zur Instandhaltungsrücklage einklagen oder Schadensersatzklagen und eine Klage auf Entziehung des Wohnungseigentums gemäß §§ 18, 19 WEG gegen einen Miteigentümer betreiben. Wenn ein entsprechender Beschluss vorliegt, kann auch die Gemeinschaft als solche bei Störungen und Verstößen gegen die Hausordnung auf Unterlassung klagen und die Beseitigung von baulichen Veränderungen verlangen.

Dem einzelnen Wohnungseigentümer verbleiben als Individualrechte

- die Beschlussanfechtung
- der Anspruch auf ordnungsgemäße Verwaltung

Teileigentum

- der Anspruch auf Schadensersatz gegen Miteigentümer oder Dritte
- die Unterlassungs- und Beseitigungsansprüche

Das Verwaltungsvermögen ist das Vermögen der teilrechtsfähigen Wohnungseigentümergemeinschaft. Bei Forderungen gegen die teilrechtsfähige Wohnungseigentümergemeinschaft haften nunmehr anteilig die Wohnungseigentümer unmittelbar dem Gläubiger entsprechend der Höhe ihres Miteigentumsanteiles. Die Wohnungseigentümer können unmittelbar vom Gläubiger in Anspruch genommen werden. Allerdings ist die teilrechtsfähige Wohnungseigentümergemeinschaft nicht insolvenzfähig. Diese Rechtsprechung wurde in die Novellierung des Wohnungseigentumsgesetzes in § 10 Abs. 6 Satz 1 und 2 WEG eingearbeitet.

5. Teileigentum

Der Unterschied zum Wohnungseigentum besteht darin, dass es sich bei dem Teileigentum um Sondereigentum an Nicht-Wohnräumen, sogenannte „sonstige Räume" (Zimmer in Jennißen § 1 Rn. 22) handelt. Diese sonstigen Räume müssen in sich abgeschlossen sein.

§ 1 Abs. 3 WEG

Teileigentum ist das Sondereigentum an nicht zu Wohnzwecken dienenden Räumen eines Gebäudes in Verbindung mit dem Miteigentumsanteil an dem gemeinschaftlichen Eigentum, zu dem es gehört.

Zur Unterscheidung zwischen Wohnungseigentum und Teileigentum ist die bauliche Eignung und Zweckbestimmung der Räume maßgeblich. Nicht maßgeblich ist die Art der Nutzung der Räume (BayObLG, Rpfleger 1973, 139). Teileigentum sind v. a. gewerblich genutzte Räume, wie z. B. Büros, Läden, Praxisräume, Anwaltskanzleien, Verkaufsstellen, Werkstätten, Lagerräume oder Garagen (OLG Celle, OLGZ 1983, 126). So ist es möglich, dass in ein und demselben Gebäude Wohnungseigentum und Teileigentum errichtet wird. Wichtig ist, dass sich die Zweckbestimmung der Räume aus dem Aufteilungsplan ergeben muss.

Achtung: Das Recht des Eigentümers, mit dem Sondereigentum gemäß § 13 Abs. 1 WEG beliebig zu verfahren, wird durch die grundsätzliche Unterteilung zwischen Wohnungseigentum und Teileigentum beschränkt. Eine Änderung von Teileigentum in Wohnungseigentum ist daher ohne Zustimmung der übrigen Miteigentümer nicht möglich. So kann z. B. Teileigentum nicht als Wohnung genutzt werden, denn diese Inhaltsänderung bedarf der Eintragung in das Grundbuch und der Zustimmung aller Miteigentümer (BayObLG, WE 1990, 65).

Daher ist darauf zu achten, dass bei Teileigentum die Zweckbestimmung nicht zu konkret gefasst wird, wie z. B. statt „Blumenladen" oder „Antiquitätenladen" den allgemeinen Begriff „Laden" verwenden.

In der rechtlichen Beurteilung unterscheiden sich Wohnungs- und Teileigentum nicht, da gemäß § 1 Abs. 6 WEG für Teileigentum die Vorschriften über Wohnungseigentum entsprechend gelten.

6. Wohnungseigentum

Gemäß § 1 Abs. 2 WEG ist das Wohneigentum „… das Sondereigentum an einer Wohnung in Verbindung mit dem Miteigentumsanteil an dem gemeinschaftlichen Eigentum, zu dem es gehört."

Mit Wohnungseigentum sind reine Wohnräume, d. h. das Sondereigentum an einer Wohnung, gemeint. Die Wohnung ist dabei die Summe der Räume, welche die Führung eines Haushaltes ermöglichen (Bärmann/Pick, § 1 Rn. 15). Es ist darüber hinaus nötig, dass die Wohnung eine abgeschlossene Einheit bildet. Das sind insbesondere Wohnraum, Schlafzimmer, Kochgelegenheit, Bad/WC, Wasserversorgung und -entsorgung.

Wichtig: Eine Wohnung ist z. B. nicht gegeben, wenn sich die Toilette außerhalb der Wohnräume befinden würde. Die Wohnung dient den Menschen dazu, seinen Lebensmittelpunkt zu gestalten (BayObLG, FG Prax 2005, 11).

Unterschied Wohnungseigentum/Teileigentum

Der Unterschied zwischen Wohnungseigentum und Teileigentum besteht somit darin, dass das Teileigentum eine Räumlichkeit ist, welche sich zwar im Sondereigentum befindet, aber keinem Wohnzweck dient. Dieser Raum ist baulich nicht als Wohnung ausgestaltet und wurde in der Teilungserklärung nicht für Wohnzwecke bestimmt. Die so als Teileigentum bezeichneten Räume kann der Eigentümer in beliebiger Weise gewerblich, beruflich oder in einer anderen Weise nutzen.

Konfliktpotenzial entsteht, wenn die Wohnungseigentümer darüber entscheiden, wie Teileigentum innerhalb einer Wohnungsanlage genutzt werden darf. Diese Meinungsverschiedenheit entsteht regelmäßig dadurch, dass in der Teilungserklärung die Formulierung bezüglich des Teileigentums mehrdeutig gehalten oder zu konkret gefasst wurden, so dass Änderungen notwendig werden.

Achtung: Es ist für die Miteigentümer ein elementarer Unterschied, ob sich in den Nachbarräumen eine Diskothek oder eine Anwaltskanzlei befindet. Sie müssen daher in der Teilungserklärung darauf achten, ob Teileigentum mit „Laden" oder „Büro" bezeichnet wurde. Denn durch diese Bezeichnungen wird der Umfang der zulässigen gewerblichen Nutzung eingeschränkt. In einem „Büro" kann keine Arztpraxis, in einem „Laden" keine Diskothek eingerichtet werden. Vorsicht ist jedoch auch bei zu allgemein gehaltenen Zweckbestimmungen, wie z. B. „Geschäftsräume" geboten.

7. Sondernutzungsrecht

In der Teilungserklärung bzw. der Gemeinschaftsordnung können dem einzelnen Wohnungseigentümer Sondernutzungsrechte eingeräumt werden.

Grundwissen Wohnungseigentum

Das sind Nutzungsrechte für bestimmte Flächen oder Räume, welche im Gemeinschaftseigentum stehen, und den einzelnen Wohnungseigentümern das Recht zur alleinigen Nutzung einräumen. Typischerweise werden diese Sondernutzungsrechte an Pkw-Stellplätzen eingeräumt. Die Sondernutzungsrechte dürfen nur mit Zustimmung aller Wohnungseigentümer geändert oder ergänzt werden. Ein Eintrag im Grundbuch ist bei einer Änderung notwendig.

Wichtig: Ein Sondernutzungsrecht begründet kein Sondereigentum. Dadurch, dass das Sondernutzungsrecht im Grundbuch eingetragen ist, wirkt dieses gegen alle Eigentümer und ist dem Sondereigentum sehr nahe. Durch das Sondernutzungsrecht wird einem einzelnen Eigentümer die Alleinbenutzung an einer bestimmten Sache erlaubt und die übrige Gemeinschaft der Eigentümer von der Benutzung ausgeschlossen. Ein Sondernutzungsrecht kann nur einem Wohnungseigentümer und nicht einem Dritten zustehen (BGH, BGHZ 1973, 145).

In den meisten Fällen werden Sondernutzungsrechte von dem Bauträger in der Teilungserklärung gemäß § 8 WEG begründet.

Bestimmung von Sondernutzungsrechten

In der Teilungserklärung kann schon von vornherein ein bestimmtes Sondernutzungsrecht mit dem Sondereigentum an einer bestimmten Wohnung verbunden werden. Zudem kann in der Teilungserklärung festgelegt werden, dass an einer bestimmten Fläche ein Sondernutzungsrecht eingeräumt werden soll. Wem jedoch letztendlich dieses Sondernutzungsrecht zufällt, wird bei Verkauf der einzelnen Wohnungen entschieden. Wenn ein Sondernutzungsrecht nachträglich erstellt werden soll, so ist dies nur mit der Zustimmung aller Wohnungseigentümer sowie der Grundpfandrechtsgläubiger möglich, da das gemeinschaftliche Eigentum durch diese Entscheidung beeinflusst wird (BGH, BGHZ 91, 343).

Es ist nicht möglich, für einen Wohnungseigentümer ein generelles Sonderrecht allgemeiner Art zu bestimmen. Es kann immer nur eine bestimmte Nutzungsart, wie z. B. das Abstellen eines Pkw, erlaubt werden.

Änderung von Sondernutzungsrechten

Eine Änderung der Nutzungsart ist nur möglich, wenn die übrigen Wohnungseigentümer durch die neue Nutzung nicht mehr beeinträchtigt werden als durch die vorhergehende Nutzungsart. Eine Bebauung ist niemals möglich. So dürfen z. B. an einem Pkw-Stellplatz nicht eigenmächtig Absperrpfähle angebracht oder der Stellplatz eingezäunt werden (BayObLG, Rpfleger 1982, 15; BayObLG, WE 1992, 348).

Sondernutzung am Garten

Regelmäßig ist es üblich, dass bei Erdgeschosswohnungen ein Sondernutzungsrecht an einem Gartenanteil eingeräumt wird. Zustimmungspflichtig ist allerdings, wenn ein Gartenhäuschen aufgestellt wird, Bäume gepflanzt werden oder eine Pergola errichtet wird, da hierdurch der optische Gesamteindruck der Anlage betroffen ist (BayObLG, WMR 1990, 89; BayObLG vom 17. 5. 1985, Az.: 2Z BR S2/84; KG, WE 1987, 197).

Übertragbarkeit von Sondernutzungsrechten

Sondernutzungsrechte, insbesondere die Sondernutzungsrechte an Pkw-Stellplätzen, sind auf Dritte, wie z. B. Besucher oder Kunden, übertragbar. Die Überlassung an Dritte, welche bei Läden oder Büros üblich ist, darf nicht durch einen Mehrheitsbeschluss der Wohnungseigentümergemeinschaft beschränkt oder durch Absperrungen behindert werden (KG, FGPrax 1996, 55).

Es ist möglich, ein Sondernutzungsrecht, das nicht im Grundbuch eingetragen ist, an einen anderen Miteigentümer abzutreten. Dies kann ohne die Zustimmung der übrigen Wohnungseigentümer erfolgen.

Grundwissen Wohnungseigentum

Aufhebung von Sondernutzungsrechten

Sollte sich ein Eigentümer dazu entschließen, dass ein Sondernutzungsrecht aufgehoben wird, so ist dies gemäß § 10 Abs. 2 bis 3 WEG nur in der Form eines Vertrages möglich. Hierzu genügt es, dass allein der Sondernutzungsrechtsberechtigte auf sein Sondernutzungsrecht verzichtet. Denn ihm allein stehen die positiven Wirkungen des Sondernutzungsrechts zu. Den übrigen Wohnungseigentümern wird die Nutzung wieder eingeräumt, so dass deren Zustimmung entbehrlich ist. Notwendig ist gemäß § 5 Abs. 4 WEG, dass die Grundpfandrechtsgläubiger einer solchen Aufhebung des Sondernutzungsrechts zustimmen (LG Augsburg, MitBayNot 1990, 175; a. A. OLG Düsseldorf, WE 1995, 373).

8. Wie Wohnungseigentum entsteht

In § 2 WEG heißt es:

„… Wohnungseigentum wird durch die vertragliche Einräumung von Sondereigentum (§ 3) oder durch Teilung (§ 8) begründet." Somit gibt es zwei Wege, wie Wohnungseigentum begründet werden kann:

- Die Miteigentümer an einem Grundstück räumen sich gegenseitig Sondereigentum ein.

- Der Grundstückseigentümer teilt das Grundstück durch eine einseitige Teilungserklärung in Wohnungseigentum auf.

Zwar ist ein Teilungsvertrag, in welchem sich die Miteigentümer gegenseitig Sondereigentum einräumen, der gesetzliche Regelfall, aber in der Praxis hat sich aufgrund des Bauträgerverfahrens die Teilung nach § 8 WEG ab Standardfall durchgesetzt.

Begründung durch Einräumung von Sondereigentum

In § 3 WEG wird die vertragliche Begründung von Sondereigentum durch mehrere Miteigentümer geregelt. Durch das WEG wird von der Regelung des § 93 BGB abgerückt, wonach Bestandteile an

Wie Wohnungseigentum entsteht

einer Sache nicht Gegenstand besonderer Rechte sein können. In dieser Form wird für jeden einzelnen Miteigentümer bestimmt, dass er an einem bestimmten Gebäudeteil sein Miteigentumsrecht aufgibt und Alleineigentum an diesem Gebäudeteil der Wohnung erhält. Dies muss bei gleichzeitiger Anwesenheit aller Anwesenden vor einem Notar gemäß § 4 Abs. 2 WEG i. V. m. §§ 873, 925 BGB erklärt werden. Des Weiteren muss dies im Grundbuch eingetragen werden. Darüber hinaus ist es notwendig, dass eine Abgeschlossenheitsbescheinigung vorliegt.

Die Wohnung muss in sich abgeschlossen sein

Damit Wohnungseigentum begründet werden kann, muss die Wohnung in sich abgeschlossen sein. Die Abgeschlossenheit wird durch die Abgeschlossenheitsbescheinigung in der Form des § 29 GOB bestätigt. Die Bauordnungsbehörde erstellt gemäß § 7 Abs. 4 Nr. 2 WEG einen von ihr mit Stempel versehenen Aufteilungsplan. Durch die Abgeschlossenheitsbescheinigung wird der Nachweis über die Abgrenzung von Sondereigentum und Gemeinschaftseigentum geführt.

Wichtig: Abgeschlossen sind Wohnungen, wenn sie baulich von fremden Wohnungen und Räumen getrennt sind. Die Wohnung muss eine selbstständige Einheit bilden. Dies ist dann der Fall, wenn die Wohnung durch Wände, Decken abgegrenzt und gegen unbefugten Zutritt Dritter abgeschirmt ist. Unter einer Wohnung versteht man die Summe der Räume, welche die Führung eines eigenen Haushalts ermöglichen. Zu einer Wohnung gehören stets eine Küche oder ein Raum mit Kochgelegenheit sowie Wasserversorgung, Ausguss und WC. Zu beachten ist, dass die Eigenschaft als Wohnung nicht verloren geht, wenn einzelne Räume vorübergehend beruflich oder gewerblich genutzt werden.

Eine Wohnung ist abgeschlossen, wenn sie einen eigenen, abschließbaren Zugang entweder unmittelbar vom Freien, von einem Treppenhaus oder von einem Vorraum hat. Darüber hinaus ist es

Grundwissen Wohnungseigentum

nötig, dass Wasserversorgung, Ausguss und Toilette innerhalb der Wohnung vorhanden sind. Räume des Teileigentums müssen verschließbar und klar abtrennbar sein.

Abgeschlossenheit – vom Grundbuchamt geprüft

Vom Grundbuchamt wird die Abgeschlossenheit anhand des Aufteilungsplans geprüft. Der Aufteilungsplan besteht in der Regel aus einer oder mehreren Bauzeichnungen, die Lage und Größe des Sondereigentums und des gemeinschaftlichen Eigentums im Maßstab 1 : 100 beschreiben. Er muss das gesamte Gebäude einschließlich Dachgeschoss umfassen. Der Aufteilungsplan wird von der örtlich zuständigen Bauordnungsbehörde mit Unterschrift, Siegel oder Stempel versehen. Die Bauzeichnungen müssen Auskunft über die Aufteilung der Wohnung und der Wohnanlage geben. Insofern ist es nötig, dass Schnitte und Ansichten des Gebäudes neben den Grundrissen im Aufteilungsplan enthalten sind. Damit das einzelne Teileigentum oder Wohnungseigentum eindeutig zugeordnet werden kann, müssen alle Wohnungen und Einzelräume, wie Keller, Speicher oder Garage, im Aufteilungsplan mit der jeweils gleichen Nummer gekennzeichnet sein. Diese Nummern müssen mit denjenigen übereinstimmen, die in der Teilungserklärung für die einzelnen Eigentumswohnungen angegeben wurden.

Für den Vertragsinhalt ist es notwendig, dass mit jedem Miteigentumsanteil das Sondereigentum an einer konkreten Wohnung oder sonstigen Räumen verbunden wird.

Kein Miteigentumsanteil ohne Sondereigentum

Es darf kein Miteigentumsanteil ohne Sondereigentum bleiben. Ein isolierter Miteigentumsanteil ist unzulässig (BGH, NJW 1995, 2851). Sondereigentum kann immer nur an einen einzigen Miteigentumsanteil gebunden werden. Hingegen kann jedoch ein Miteigentumsanteil mit mehreren im Sondereigentum stehenden abgeschlossenen Wohnungen verbunden werden. Die Sondereigentumseinheiten müssen im Vertrag exakt bestimmt werden.

Wie Wohnungseigentum entsteht

Aufteilungsplan als Vertragsbestandteil

Es ist notwendig, dass der Aufteilungsplan dem Vertrag beigefügt wird. Ferner ist es wichtig, dass der Zweck der Wohnung oder des Teileigentums bestimmt wird. Denn Wohnungseigentum kann nur an abgeschlossenen Wohnungen – Teileigentum nur an anderen, abgeschlossenen Raumeinheiten begründet werden. Es muss bestimmt werden, welche Einheiten dem Wohnzweck dienen und welche einer anderen Nutzung unterliegen sollen. Das heißt, es sollten die Räume bestimmt werden, welche einem anderen Zweck als dem Wohnzweck dienen, sofern diese nicht schon im Aufteilungsplan bezeichnet sind, wie z. B. „Schwimmbad", „Sauna".

Begründung des Wohnungseigentums durch Teilung

§ 8 WEG beschreibt ein völlig anderes Prozedere als das Verfahren nach § 3 WEG. Bei § 3 WEG ist die Willensbildung mehrerer Personen, die Miteigentum besitzen, notwendig.

Die Begründung von Wohnungseigentum durch Teilungserklärung erfolgt dahingehend, dass ein einzelner Grundstückseigentümer gegenüber dem Grundbuchamt in öffentlich beglaubigter Form die Teilung beantragt.

Mit Antrag und Bewilligung wird die Teilungserklärung vollziehbar. Die Teilungserklärung ist rein grundrechtlicher Natur und wird vom Grundstückseigentümer beantragt. Zwar ist hierfür im WEG keine bestimmte Form vorgeschrieben, aber da die Teilungserklärung im Grundbuch eingetragen werden muss, ist die Form des § 29 GBO zwingend. Das heißt, der Gang zum Notar ist notwendig. Dies ist auch die kostengünstigere Form zur Begründung von Wohnungseigentum, da lediglich die Unterschrift des Eigentümers unter der Teilungserklärung vom Notar beglaubigt werden muss und der Notar nicht für den Inhalt der Teilungserklärung verantwortlich ist, es sei denn, er hat diese selbst entworfen. Es ist zu beachten, dass Teilungserklärungen immer auf die konkrete Situation hin entworfen werden und es keine Standardteilungserklärung gibt. Daher

Grundwissen Wohnungseigentum

sollten Sie, wenn Sie Wohnungseigentum begründen, die Teilungserklärung immer auf Ihren speziellen Fall hin entwerfen lassen.

Bei der Teilungserklärung werden vom Eigentümer selbst zu bestimmende Miteigentumsanteile mit dem Sondereigentum verbunden. Auch hier müssen Wohnungseigentum und Teileigentum bestimmt werden, welche in Sondereigentum überführt werden. Der Teilungserklärung ist der Aufteilungsplan und eine Abgeschlossenheitsbescheinigung beizufügen (§ 8 Abs. 2 WEG i. V. m. § 7 Abs. 4 Nr. 1 und 2 WEG).

Der Inhalt der Teilungserklärung beschränkt sich nur auf dingliche Angaben. Weitere Vereinbarungen gemäß § 10 Abs. 3 WEG gehören nicht in die Teilungserklärung, sondern in die Gemeinschaftsordnung. Eine Gemeinschaftsordnung wird regelmäßig vom Begründer des Wohnungseigentums mitverfasst. Die Gemeinschaftsordnung regelt die Rechtsbeziehung der Wohnungseigentümer untereinander. Es werden hier also die Beziehung zwischen Sondereigentum und Gemeinschaftseigentum sowie die Mitgliedsrechte geregelt. Die Gemeinschaftsordnung ist somit die „Satzung" der Wohnungseigentümergemeinschaft. Die Gemeinschaftsordnung ist ein wichtiger Abschnitt innerhalb der Teilungserklärung, der jedoch nicht notwendigerweise in ihr enthalten sein muss. Durch die Eintragung im Grundbuch ist die Gemeinschaftsordnung auch für spätere Käufer von Eigentumswohnungen bindend.

Änderung des Miteigentumsanteils

Der Grundstückseigentümer, der durch Teilung das Wohnungseigentum begründet, kann so lange die aufgeteilten Miteigentumsanteile, die Gegenstände des Sondereigentums sowie dessen Inhalt, wie z. B. die Gemeinschaftsordnung, ändern, bis die erste Wohnung an einen neuen Eigentümer verkauft ist. Mit Eintritt des ersten Erwerbers in die Eigentümergemeinschaft kann eine Änderung nur noch mit Mehrheitsbeschluss herbeigeführt werden (BayObLG, NJW 1984, 2134; OLG Frankfurt, OLGZ 1986, 41; a. A. OLG Köln, Rpfleger 1986, 298).

Wie Wohnungseigentum entsteht

Inhalt der Gemeinschaftsordnung

Eine Gemeinschaftsordnung kann nicht beliebig ausgestaltet oder geändert werden. Der Inhalt des Wohnungseigentums ist in §§ 10 bis 19 WEG gesetzlich geregelt.

Verbote zu Bestimmungen in der Gemeinschaftsordnung

Somit sind folgende Vereinbarungen in der Gemeinschaftsordnung nicht möglich:

- Unauflöslichkeit der Gemeinschaft
- Bestimmungen, durch welche die Zustimmung zur Veräußerung des Sondereigentums nur aus wichtigem Grund versagt werden darf
- Eine Bestimmung bezüglich des Anspruchs auf Entziehung des Wohnungseigentums
- Vereinbarung von Vorkaufsrechten
- Bestimmungen, wonach bestimmte Aufgaben und Befugnisse des Verwalters nicht eingeschränkt werden dürfen
- Verwalterbestimmung über fünf Jahre
- Keine Abbedingung der Verwalterbestellung
- Einstimmigkeitserfordernis bei schriftlichem Beschluss
- Minderheitsrecht auf Einberufung der Eigentümerversammlung
- Einschränkungen der Verwalterbefugnisse
- Bestimmungen über gerichtliche Verfahren
- Bestimmungen über das Verfahren der freiwilligen Versteigerung
- Bestimmungen bezüglich der Jahresabrechnung (es darf z. B. die Abrechnung nicht fingiert werden)

Neben diesen gesetzlichen Bestimmungen gibt es Verbote, die sich aufgrund der Rechtsprechung entwickelt haben, z. B. Mehrheitsbe-

Grundwissen Wohnungseigentum

schlüsse zur Änderung der Gemeinschaftsordnung (BayObLG, WE 1992, 176), Vertreterbeschränkung in der Eigentümerversammlung (BGH NJW 1993, 1329). Inwieweit eine Vereinbarung in der Gemeinschaftsordnung gültig ist, bestimmt sich neben den gesetzlichen Verboten danach, ob diese Vereinbarung gemäß § 138 BGB sittenwidrig ist und gegen die allgemeinen Grundsätze von Treu und Glauben verstößt.

Mögliche Vereinbarungen in der Gemeinschaftsordnung

Möglich ist, dass in der Gemeinschaftsordnung folgende Gegenstände vereinbart werden:

- Vermietungsbeschränkungen
- Veräußerungsbeschränkungen
- Nutzungsbeschränkungen
- Vertretung der Gemeinschaft gegenüber Dritten
- Vereinbarung über die Errichtung und Finanzierung des Gebäudes
- Versicherungen
- Tierhaltung
- Verteilungsschlüssel bezüglich Lastentragung
- Instandhaltungsrücklagen
- Sondernutzungsrechte
- Schiedsvereinbarungen
- Bestimmung des ersten Verwalters

Dies sind jedoch lediglich die Eckpfeiler, welche in der Gemeinschaftsordnung geregelt werden. Weitergehende Regelungen sind möglich, soweit sie nicht den gesetzlichen Verboten widersprechen oder sittenwidrig sind.

Darüber hinaus sollte in der Teilungserklärung auch die Miteigentumsquote festgelegt werden. Diese Miteigentumsquote ist der Wertmaßstab für die Eigentumswohnung.

Wie Wohnungseigentum entsteht

Berechnung der Miteigentumsquote

Berechnet wird der Miteigentumsanteil in der Regel aus der Größe der Wohn- oder Nutzfläche der Eigentumswohnung. Normalerweise wird der Miteigentumsanteil in Tausendstel (z. B. „50/1000") angegeben. Der Miteigentumsanteil ist als Verteilungsschlüssel für die anfallenden Kosten wichtig. Das heißt, hier wird festgelegt, wie viel Sie als Wohnungseigentümer von den gemeinschaftlichen Kosten zu tragen haben. Es sei denn, in der Eigentümerversammlung wird ein anderer Verteilungsschlüssel als der Miteigentumsanteil festgelegt. Darüber hinaus ist der Miteigentumsanteil für das Gewicht Ihrer Stimme in der Eigentümerversammlung notwendig, da die meisten Teilungserklärungen davon ausgehen, dass das Stimmrecht in der Eigentümerversammlung nach dem Umfang der Miteigentumsanteile ausgeübt wird. Es sei denn, die Abstimmung wird nicht nach Miteigentumsanteilen, sondern nach Köpfen geregelt.

Es ist möglich, dass der Miteigentumsanteil nicht exakt mit der Größe der Eigentumswohnung übereinstimmt, sondern Abweichungen bestehen. Eine spätere Änderung der Miteigentumsanteile ist nur in Ausnahmefällen möglich, z. B. wenn es Bodenberechnungsfehler gab. In einem solchen Fall ist die Zustimmung aller Miteigentümer erforderlich.

Bei der Begründung von Wohnungseigentum müssen Sie folgende Punkte beachten:

Checkliste: Begründung von Wohnungseigentum

- Ist ein Teilungsvertrag nach § 3 WEG gegeben?
- Liegt eine Teilungserklärung nach § 8 WEG vor nach:
  - Wohnungseigentum
  - Teileigentum
  - Sondereigentum
  - Gemeinschaftseigentum

Grundwissen Wohnungseigentum

noch: Checkliste: Begründung von Wohnungseigentum

- Haben Sie den Aufteilungsplan eingesehen?
- Liegt eine Abgeschlossenheitsbescheinigung vor?
- Zweckbestimmung prüfen
- Festlegung der Miteigentumsquote
- Gemeinschaftsordnung lesen
- Unabdingbare gesetzliche Verpflichtungen in der Gemeinschaftsordnung kontrollieren
- Unauflöslichkeit der Gemeinschaft
- Versagung der Zustimmung zur Veräußerung nur aus wichtigem Grund
- Keine Abbedingung des Entziehungsanspruchs
- Kein Abbedingen der Verwalterbestellung
- Minderheitsrecht auf Einberufung der Eigentümerversammlung
- Einschränkung der Verwalterbefugnisse
- Verwalterbestellung auf höchstens fünf Jahre
- Einstimmigkeitserfordernis bei schriftlichem Beschluss
- Bestimmungen über das gerichtliche Verfahren
- Verfahren der freiwilligen Versteigerung
- Vorkaufsrechte (nur wenn dies in der Gemeinschaftsordnung geregelt werden soll)

Die alles prägende Grundlage für Ihr Wohnungseigentum und Ihre Beziehung zu den übrigen Wohnungseigentümern ist in der Teilungserklärung bzw. Gemeinschaftsordnung niedergelegt. Daher ist deren Inhalt für Sie wichtig. In der Teilungserklärung bzw. der Gemeinschaftsordnung sind Ihre Rechte und Pflichten niedergelegt sowie Ihr Eigentum identifiziert und abgegrenzt.

Wie Wohnungseigentum entsteht

Checkliste: Teilungserklärung/Gemeinschaftsordnung

- Stimmen der formelle Teil der Teilungserklärung und der zeichnerische Aufteilungsplan überein?
- Zweckbestimmung der Wohnungseigentumsanlage
- Abgrenzung zwischen Sondereigentum, Gemeinschaftseigentum und Teileigentum
- Ist die Miteigentumsquote nachvollziehbar und realistisch?
- Wo sind Sondernutzungsrechte eingetragen?
- Gibt es Gebrauchsregelungen?
- Gibt es Stellplatzeigentum bzw. Garageneigentum?
- Ist eine freiberufliche oder gewerbliche Nutzung von Teileigentum vorgesehen?
- Sind Veräußerungsbeschränkungen nach § 12 WEG eingetragen?
- Für was ist die Verwalterzustimmung notwendig?
- Ist die Höhe des Hausgeldes geregelt?
- Gibt es Aufzeichnungen über die Betriebskosten, Heizkosten, Verwaltergebühren und die Instandhaltungsrückstellungen?
- Ist der Kostenverteilungsschlüssel gerecht?
- Ab wann entstehen Zahlungspflichten?
- Ist das Stimmrecht in der Eigentümerversammlung nach Köpfen oder Miteigentumsanteilen verteilt?
- Wer ist stimmrechtvertretungsberechtigt?
- Welche der baulichen Veränderungen müssen geduldet werden?

Grundwissen Wohnungseigentum

noch: Checkliste: Teilungserklärung/Gemeinschaftsordnung

- Ist eine Hausordnung vorgesehen?
- Sind in der Hausordnung Ruhezeiten geregelt?
- Ist eine Änderungsvollmacht für den Bauträger vorgesehen? Wenn ja, dann prüfen, ob diese notwendig ist.
- Was ist über den Verwaltungsbeirat geregelt?

Begründung und Erwerb von Wohnungseigentum

2

1. Warum Wohnungseigentum? 42
2. Entscheidungskriterien 45
3. Juristische Informationen 48

Begründung und Erwerb von Wohnungseigentum

1. Warum Wohnungseigentum?

Wohnungseigentum ist echtes Eigentum und hat so für den Erwerber eine besondere Bedeutung. Gleichzeitig ist es eine besondere Form des Immobilieneigentums. Insofern ist die Eigentumswohnung praktisch und rechtlich dem Eigenheim, dem allein stehenden Einfamilienhaus, gleichgestellt. Die Eigentumswohnung kann vom Eigentümer frei veräußert und vererbt werden. Darüber hinaus ist sie auch selbstständig belastbar, wie normales Grundeigentum. Die Eigentumswohnung ist eigentumsrechtlich, steuerrechtlich und wirtschaftlich gleichbedeutend mit einem Eigenheim. Die Eigentumswohnung verfügt über einige Vorteile gegenüber dem Eigenheim, aber auch über Nachteile.

Vorteile

Einer der größten Vorteile des Wohnungseigentums ist, dass Sie sich Ihre Eigentumswohnung immer in der richtigen Größe für Ihren persönlichen Gebrauch und Geldbeutel suchen können. Denn Eigentumswohnungen gibt es je nach Lage und Größe bereits zu erschwinglichen Kaufpreisen. Nach oben hin sind allerdings die Grenzen offen. Durch den Erwerb einer Eigentumswohnung werden Sie schneller Immobilieneigentümer als durch ein Ein- oder Zweifamilienhaus, bei welchem mit einer größeren finanziellen Belastung gerechnet werden muss, da ein Grundstück nebst Gebäude erworben wird. Darüber hinaus ist es auch nicht möglich, ein Einfamilienhaus in einer Größenordnung von ca. 40 m^2 Wohnfläche zu errichten.

Da Eigentumswohnungen bezüglich Größe und Kaufpreis ein großes Spektrum an Möglichkeiten aufweisen, ist dies für Sie oder für eine Familie mit geringerem Einkommen von Vorteil. Sie erwerben eine Immobilie nach Maßgabe der eigenen Leistungsfähigkeit.

Warum Wohnungseigentum?

Um in sehr teuren Standortlagen überhaupt Wohngebäude errichten zu können, ist die Schaffung von Wohnungseigentum eine sinnvolle Alternative; durch den Verkauf der Wohnungseinheiten wird der Bau finanziert.

Auch Altbauten können durch die Umwandlung in Wohnungseigentum schneller saniert und modernisiert werden, da durch den Verkauf des Wohnungseigentums die Kosten gedeckt werden können.

Nicht zuletzt ist Wohnungseigentum für Investoren und Kapitalanleger interessant. Denn durch steuerliche Vergünstigungen kann es interessant sein, sich an Errichtung und Erwerb von Wohnungseigentum zu beteiligen.

Egal ob Sie Ihre Eigentumswohnung selbst nutzen oder als reines Investitionsobjekt betrachten, können Sie auch heute noch durch den Erwerb einer Eigentumswohnung Ihr Kapital nicht nur sichern, sondern auch vermehren. Da Grund- und Immobilieneigentum nicht beliebig vermehrt werden kann, gilt auch für Wohnungseigentum eine begrenzte Vermehrbarkeit. Dem Wachstum sind natürliche Grenzen gesetzt.

Wohnungseigentum ist immer gefragt, so dass die Preise von Wohnungseigentum feststehen und in interessanten Lagen steigen werden. Gerade in Zeiten von unsicheren Währungskursen ist die Immobilie ein sicheres Anlageobjekt.

Nachteile

Ein großer Nachteil der Eigentumswohnung gegenüber dem Eigenheim ist, dass bei Wohnungseigentum immer eine gewisse Anzahl von Miteigentümern vorhanden ist, welche gleichberechtigt neben Ihnen stehen. Innerhalb der Wohnungseigentümergemeinschaft können die Interessen je nach Lebenserfahrung und Lebensauffassung sehr unterschiedlich ausfallen. Somit ist ein großes Konfliktpo-

Begründung und Erwerb von Wohnungseigentum

tenzial geboten. Ferner sind Sie bei einer Eigentumswohnung nicht nur mit den Miteigentümern in einer Zwangsgemeinschaft verbunden, sondern Sie werden von der Verwaltung, welche durch die Wohnungseigentümer eingesetzt wird, bestimmt. Sie können nicht selbst darüber entscheiden, wann z. B. Fensterläden gestrichen werden bzw. der Hausflur geputzt wird.

Es besteht auch die Möglichkeit, dass der Bauträger bei einem Bauträgervertrag während der Errichtung der Wohnungseigentumsanlage in Insolvenz gerät und es zu dem Fall des sogenannten „stecken gebliebenen Baus" kommt. Die Größe einer Wohnungseigentümergemeinschaft muss jedoch nicht immer ein Nachteil sein. So gibt es Wohnungseigentümergemeinschaften mit über 100 Einheiten, in welchen ein harmonisches Zusammensein möglich ist. Hingegen kann in kleinen Gemeinschaften mit sieben Wohnungen Streit zwischen den Wohnungseigentümern untereinander oder auch mit der Verwaltung entstehen. In der Regel gilt jedoch: Je größer eine Wohnungseigentümergemeinschaft, desto mehr Konfliktpotenzial. Übergroße Wohnungseigentümergemeinschaften werden zumeist von einer anonymen Verwaltung geführt, und die einzelnen Wohnungseigentümer können diese Verwaltung nicht mehr kontrollieren.

Achtung: Wenn Sie eine Eigentumswohnung als Kapitalanlage erwerben möchten, sollten Sie beim Erwerb unbedingt unternehmerisch handeln und kaufmännisch denken. Versäumnisse beim Erwerb wirken sich nachteilig auf Ihre Finanzsituation aus. Spätestens beim Verkauf der Eigentumswohnung zeigt sich, ob die Lage gut gewählt und der Kauf wohl überlegt war. Bedenken Sie: Kaufpreis, Mieteinnahmen, Wertsteigerung und Standort müssen immer im richtigen Verhältnis zueinander stehen. Ebenso wichtig ist es, juristische Fallen im Kaufvertrag und der Teilungserklärung zu erkennen. Lassen Sie diese notfalls von einem Fachmann prüfen. Vergleichen Sie vor dem Kauf die Kaufpreise und beachten Sie die Mietpreisentwicklung.

Entscheidungskriterien

Bei einer Eigentumswohnung, die nicht eigengenutzt, sondern lediglich als Kapitalanlage verwendet wird, ist es wichtig, dass diese Wohnung gut vermietbar ist. Sie sollten den Wohnungsmarkt analysieren und klären, welcher Wohnungstyp sich langfristig gut vermieten lässt.

Beim Wohnungserwerb zugleich an den Wiederverkauf denken!

Sollten Sie die Eigentumswohnung für sich selbst erwerben, ist Ihr persönlicher Geschmack der wichtigste Entscheidungsgrund, da Sie sich in dieser Wohnung wohl fühlen sollen. Zu beachten ist allerdings, dass Sie die Wohnung möglicherweise einmal Gewinn bringend verkaufen müssen oder wollen. Sie sollten bedenken, dass neuwertige Wohnungen einen größeren Wertzuwachs haben als sanierungsbedürftige Altbauwohnungen. Eine Eigentumswohnung in guter, ruhiger Lage mit günstiger Verkehrsanbindung hat einen höheren Wiederverkaufswert als eine vergleichbare Wohnung in lauter, verkehrstechnisch ungünstiger Lage.

Wollen Sie die Wohnung vermieten, sollten Sie sich selbst in die Lage des Mieters versetzen und fragen, ob Sie in dieser Wohnung wohnen wollten.

2. Entscheidungskriterien

Größe und Ausstattung der Wohnung

Eine Wohnung ist die Summe der Räume, welche die Führung eines Haushalts ermöglicht. Die Größe der Wohnung berechnet sich nach der Quadratmeterzahl der zum Wohnraum gehörenden Räume oder nach der Zahl der Zimmer. Als volle Zimmer zählen Wohn- und Schlafzimmer. Keller, Speicher und Garage zählen als Nebenräume nicht mit. Was im Übrigen als Raum gezählt werden kann, kommt auf den Einzelfall an. Grundsätzlich steigert

Begründung und Erwerb von Wohnungseigentum

zwar ein Balkon den Wohnwert, nicht jedoch wenn dieser über einer Hauptverkehrsstraße liegt. Neben der Größe einer Wohnung ist als weiteres Qualitätsmerkmal die Ausstattung der Wohnung zu nennen. Dies sind vor allem die fest installierten und eingebauten Gegenstände in der Wohnung, wie z. B. die Sanitär- oder Küchenausstattung. Bei der Ausstattung kommt es vielfach auf deren Qualität an, z. B. ob es sich bei einer Heizung um eine Öl-, Elektro- oder Gasheizung handelt. Auch ein offener Kamin kann als wertsteigerndes Ausstattungselement angesehen werden.

Aber nicht nur Ausstattungen im Sondereigentum können den Wert der Wohnung beeinflussen, sondern auch die Ausstattungen, welche sich im Gemeinschaftseigentum befinden, wie z. B. Kinderspielplätze, Hobbyräume, Fahrradkeller, Trockenräume, Sauna oder Schwimmbad.

Lage der Wohnung innerhalb der Wohnanlage

Das wichtigste Kriterium für die Lage Ihrer Wohnung innerhalb der Wohnungsanlage ist die Ruhe. Das heißt, die Wohnqualität wird erheblich durch die Ruhe beeinflusst. Die ruhige Lage einer Wohnung ist im Zweifelsfall immer der Helligkeit oder der oft gewünschten Süd-/Westlage einer Wohnung vorzuziehen.

Denn in der täglichen Praxis spielen Lärmbelästigungen innerhalb einer Wohnanlage eine immer größere Rolle. Seien dies streitende Nachbarn, lärmende Kinder, klappernde Ventilatoren oder Musik produzierende Jugendliche. Vor der Sonneneinstrahlung kann man sich schützen, dunkle Wohnbereiche können optimal ausgeleuchtet werden, aber Lärm, der von außen kommt, ist in der Regel unerträglich, da man keinerlei Abhilfe schaffen kann.

Entscheidungskriterien

> **Profi-Tipp:**
>
> Wenn Sie den gesundheitlichen Risiken der Lärmbelästigung und dem großen Potenzial an Nachbarschaftsstreitigkeiten, welche sich daraus ergeben können, entgehen wollen, empfiehlt es sich, eine Wohnung zu suchen, die sich nicht in unmittelbarer Nachbarschaft von Tiefgaragen, Läden, Restaurants, Fahrstuhltüren, Müllcontainern, Jugendtreffs oder Kinderspielplätzen befindet.

Standort der Wohnanlage

Die Lage der Eigentumswohnung innerhalb einer Stadt ist für die Auswahl ausschlaggebend.

Sie sollten gründlich untersuchen, ob der Standort der Wohnanlage auch auf Dauer aussichtsreich ist. Denn gefragte Gegenden können schnell aus der Gunst der Käufer und Bewohner fallen. In einer Wohnungsanlage gibt es immer Zuzugs- und Abwanderungstendenzen. Beachten Sie diese! Berücksichtigen Sie Entwicklungen, welche den Wert des Standorts steigern oder mindern können. Sie sollten sich bei der Stadtverwaltung erkundigen, ob in der Nachbarschaft der Eigentumsanlage aktuelle Planungsvorhaben laufen oder beabsichtigt sind, ob irgendwelche Bauwerke entstehen sollen.

> **Profi-Tipp:**
>
> Erkundigen Sie sich im örtlichen Bauamt, ob für die Gegend, in der Sie Ihr Wohnungseigentum erwerben wollen, Flächennutzungs- oder Bebauungspläne in Vorbereitung sind. Sie sollten immer versuchen, in die Bebauungspläne Einsicht zu erhalten. Achten Sie darauf, ob Verkehrsanlagen geplant sind.

Begründung und Erwerb von Wohnungseigentum

Bezüglich der Infrastruktur der Wohnungseigentumsanlage müssen Sie folgende Kriterien prüfen:

Checkliste: Infrastruktur
■ Einkaufsmöglichkeiten
■ Verkehrsanbindung
■ Ärzte
■ Schulen und Kindergärten
■ Freizeit- und Erholungseinrichtungen
■ Parks/Grünanlagen
■ Öffentliche Einrichtungen
■ Alten- und Pflegeheime
■ Kirchen

3. Juristische Informationen

Wohnungskauf

Im Regelfall vollzieht sich der Kauf einer Eigentumswohnung durch rechtsgeschäftlichen Erwerb. Rechtsgeschäftlicher Erwerb bedeutet, dass die Wohnung durch ein Rechtsgeschäft, durch Abschluss eines Vertrags, Einigung und den Eigentumsübergang mit anschließender Umschreibung des Eigentums im Grundbuch erfolgt. Der Abschluss des Vertrags ist das sogenannte Grundgeschäft. Die Einigung und der Eigentumsübergang ist die Auflassung. Neben dem rechtsgeschäftlichen Erwerb steht der Erwerb durch Hoheitsakt oder kraft Gesetzes.

Juristische Informationen

Fünf Schritte zum Wohnungseigentumserwerb

Einigung und Abschluss

Die Vertragsparteien müssen sich darüber einig sein, dass sie einen Vertrag über den Erwerb einer Eigentumswohnung schließen wollen. Dies bedarf der notariellen Beurkundung. Unter Angabe des Grundbuchstandes muss die zu erwerbende Eigentumswohnung genau bezeichnet werden. Als Gegenleistung werden in der Regel der Kaufpreis vereinbart und die Zahlungsmodalitäten festgelegt. Sodann wird vereinbart, wer die Auflassungsvormerkung zugunsten des Käufers beantragt und bewilligt; dies ist in der Regel der Verkäufer. Bezüglich des Innenverhältnisses zwischen Verkäufer und Käufer sollen Regelungen über den Besitzübergang, Lasten, Nutzungen, Gefahren und Kosten enthalten sein. In den meisten Fällen wird bereits im Erwerbsvertrag die Einigung über den Eigentumsübergang sowie die Bewilligung und Beantragung der Umschreibung geregelt. Andernfalls müsste in einer weiteren Nachtragsurkunde die Auflassung beurkundet werden.

Auflassungsvormerkung

Nach dem Abschluss des Kaufvertrags wird eine Auflassungsvormerkung im Grundbuch eingetragen. Die Auflassungsvormerkung ist wichtig, da der Käufer hierdurch geschützt wird. Der Verkäufer kann die Eigentumswohnung aufgrund der Auflassungsvormerkung nicht ein zweites Mal an einen Dritten durch notariellen Kaufvertrag veräußern. Dadurch ist sichergestellt, dass der Käufer nach Zahlung des Kaufpreises das Eigentum an der Eigentumswohnung erhält. Es ist darauf zu achten, dass die Fälligkeit der Kaufpreiszahlung davon abhängig gemacht wird, dass die Auflassungsvormerkung im Grundbuch zugunsten des Käufers eingetragen ist. Der Kaufpreis sollte niemals vor Eintragung der Auflassungsvormerkung geleistet werden.

Begründung und Erwerb von Wohnungseigentum

Besitzübergang an den Käufer

Nach der Eintragung der Auflassungsvormerkung kann der Besitz an der Eigentumswohnung auf den Käufer übergehen. Mit diesem Besitzübergang wird im Regelfall vereinbart, dass auch die Kosten von Lasten und Nutzungen auf den Käufer, den neuen Besitzer, übergehen. Durch Besitzübergang wird dem Käufer die tatsächliche Verfügungsgewalt über die Eigentumswohnung, durch Übergabe derselben, eingeräumt. Wenn die Eigentumswohnung jedoch vermietet ist, kann dem Käufer nicht der unmittelbare Besitz, sondern nur der mittelbare Besitz übertragen werden. Normalerweise gehen mit dem Übergang des Besitzes auf den Erwerber auch die Kosten und Lasten, welche mit der Eigentumswohnung zusammenhängen, auf den Besitzer über. Der Zeitpunkt, wann die Kosten und Lasten auf den Besitzer übergehen, ist nicht zuletzt für die Steuer von Wichtigkeit.

Auflassung

Die Einigung zwischen Verkäufer und Käufer darüber, dass das Eigentum an dem Grundstück bzw. der Eigentumswohnung auf den Käufer übergeht, nennt man Auflassung. Die Auflassung bedarf ebenfalls der notariellen Beurkundung. Sofern jedoch keine Nachtragsurkunde gewünscht ist, wird diese Auflassung bereits im notariellen Kaufvertrag mit enthalten sein.

Eintragung der Auflassung in das Grundbuch

Nachdem ein Kaufvertrag geschlossen wurde, die Auflassungsvormerkung im Grundbuch eingetragen wurde, der Besitz, die Kosten, Lasten und Nutzungen auf den Käufer übergegangen sind und die Auflassung erfolgte, fehlt zum vollständigen Eigentumswechsel nur noch die Eintragung der Auflassung im Grundbuch. Neben der Einigung, der Auflassung, ist die Eintragung der Auflassung im Grundbuch eine zwingende Voraussetzung für die Übertragung des Eigentums auf den Käufer. Erst mit der Eintragung der Auflassung im Grundbuch ist der Käufer zum Eigentümer der Eigentumswohnung geworden.

Juristische Informationen

Soweit eine Eigentumswohnung nicht durch rechtsgeschäftlichen Erwerb auf den Käufer übergeht, kann eine Eigentumswohnung auch kraft Gesetzes oder Hoheitsakt erworben werden. Dies sind in erster Linie der Erbfall oder die Zwangsversteigerung.

Vorsicht vor Grundschulden!

Achtung: Wenn das gesamte Grundstück mit einer Grundschuld belastet ist, haftet jeder Wohnungseigentümer mit seiner im Sondereigentum stehenden Wohnung für die Rückzahlung dieser Grundschuld. Solche Globalbelastungen stellen für den Käufer einer Eigentumswohnung ein überaus großes Risiko dar. Der Käufer haftet für die auf dem Grundstück lastende Grundschuld auch dann, wenn seine eigene Eigentumswohnung vollständig bezahlt ist.

Es muss darauf geachtet werden, dass Grundschulden nur auf konkretem Sondereigentum eingetragen sind. Im Kaufvertrag muss geregelt werden, ob der Verkäufer die Belastung vor Eigentumserwerb löschen lässt, oder diese Belastung mit dem Kaufpreis verrechnet wird.

Gewährleistung beim Erwerb einer Wohnung aus zweiter Hand

Wenn Sie Zweit- oder Dritterwerber einer Eigentumswohnung sind, erwerben Sie eine gebrauchte Eigentumswohnung und die Gewährleistung wird ausgeschlossen. Das heißt, der Käufer erwirbt die Eigentumswohnung in dem Zustand, in welchem sie sich bei Besitzübergang befindet. Durch den Ausschluss der Gewährleistung stellt sich der Verkäufer von der Sachmängelhaftung frei. Der Verkäufer darf Ihnen aber einen möglichen Gewährleistungsmangel nicht arglistig verschweigen. Der Verkäufer hat dem Käufer dafür Gewähr zu leisten, dass die Eigentumswohnung bei Gefahrübergang frei von Mängeln ist, welche die Tauglichkeit der Woh-

Begründung und Erwerb von Wohnungseigentum

nung oder den vertraglich vorausgesetzten Gebrauch beeinflussen. Häufigste Mängel sind Baumängel am Sondereigentum. Aber auch Mängel am Gemeinschaftseigentum können dem Verkäufer zur Last gelegt werden, da er ja einen Miteigentumsanteil daran hatte.

Bei der Regelung des Kaufpreises ist darauf zu achten, ob im Kaufpreis Erschließungskosten enthalten sind und wer die Kosten für Notar, Grundbuchamt und Makler zu übernehmen hat. Im Kaufpreis ist die Grunderwerbsteuer normalerweise nicht enthalten.

Der Verkäufer haftet dem Käufer für die Freiheit des Kaufgrundstücks von Rechten Dritter. Dies können z. B. Wohnrechte, Mieten, Hypotheken oder Reallasten sein. Einen solchen Rechtsmangel hat der Verkäufer dem Käufer gegenüber nur dann nicht zu vertreten, wenn der Käufer bei Abschluss des Vertrags den Rechtsmangel kannte.

Regelmäßig wird in den Kaufverträgen die Haftung für Rechtsmängel ausgeschlossen, welche dem Verkäufer unbekannt sind. Ein solcher Haftungsausschluss ist nichtig, wenn der Rechtsmangel dem Käufer gegenüber arglistig gemäß § 443 BGB verschwiegen wurde.

Vorsicht bei Erschließungskosten

Ein weiterer Punkt, auf welchen Sie beim Erwerb einer gebrauchten Eigentumswohnung achten müssen, sind die Erschließungskosten. Denn auch nach Jahren der Erschließung kann es sein, dass diese Erschließungskosten durch die Gemeinde geltend gemacht werden. Daher ist eine klare Regelung der Tragung der Erschließungskosten ein unabdingliches Muss im Kaufvertrag. Die beste Lösung ist, dass der Verkäufer sämtliche Erschließungskosten trägt. Nicht jedoch sollte vereinbart werden, dass die Erschließungskosten in irgendeiner Weise zwischen den Parteien aufgeteilt werden. Es sollte sich immer eine Vertragspartei dazu verpflichten, sämtliche Kosten zu tragen. So kann der Verkäufer zusichern, dass bereits sämtliche Erschließungskosten bezahlt sind und darüber hinausgehende Erschließungskosten nicht in Betracht kommen.

Juristische Informationen

Checkliste: Wohnungskauf

Vorinformationen
- Lage der Wohnanlage
- Lage der Wohnung innerhalb der Wohnungsanlage
- Infrastruktur
- Ist die Wohnung vermietbar? Würde man selber in diese Wohnung ziehen?
- Ist der Kaufpreis angemessen?
- Ist die steuerliche Seite des Kaufs geregelt?
- Ist die Finanzierung des Kaufs geregelt?
- Wer übernimmt Grundbuch- und Notarkosten?

Technischer Zustand des Baus und Baupläne
- Haben Sie sich über den technischen Zustand der Wohnung informiert, gegebenenfalls eine Besichtigung mit einem Fachmann vorgenommen?
- Haben Sie die Baubeschreibung und Baupläne eingesehen?

Grundbuch
- Wer ist Eigentümer der Wohnung?
- Wurde in das Grundbuch Einsicht genommen?
- Welche Miteigentümer gibt es?
- Bestehen Dauerwohnrechte oder Nießbrauchrechte an der Wohnung?
- Sind Belastungen wie Grundschulden oder Hypotheken eingetragen?
- Wurden die Grundakten des Grundbuchamts eingesehen?
- Sind in der Grundakte unerledigte Anträge auf Eigentumsumschreibungen enthalten, welche einen anderen Käufer begünstigen?

Begründung und Erwerb von Wohnungseigentum

noch: Checkliste: Wohnungskauf

- Kann der Kaufpreis auf ein Anderkonto des Notars entrichtet werden und an den Verkäufer erst dann überwiesen werden, wenn Sie als Eigentümer im Grundbuch eingetragen sind?

Kaufvertrag prüfen

- Wird bei Kauf Inventar übernommen? Gegebenenfalls Liste mit Bewertung.
- Wie hoch ist der Bodenwertanteil?
- Werden Schulden übernommen?
- Ist die Zustimmung von Grundpfandgläubigern notwendig?
- Grundsteuer?
- Einheitswert?
- Grunderwerbssteuer?
- In welchem Zeitpunkt geht der Besitz über? Beachte: Hierbei gehen Lasten, Nutzungen oder Gefahren auf den Käufer über.
- Ausschluss einer Mängelgewährleistung.
- Sind Erschließungsmaßnahmen (Straßenplanungen) geplant?
- Größe des Miteigentumsanteils am Grundstück.
- Ist die Teilungserklärung dem Kaufvertrag beigefügt?
- Ist die Gemeinschaftsordnung dem Kaufvertrag beigefügt?
- Sind die Erschließungskosten des Grundstücks im Kaufpreis enthalten?
- Wurde eine Abtretungsvereinbarung getroffen, so dass der Käufer Anspruch auf Erstattung der Vorauszahlungen auf die Erschließungskosten hat?
- Liegt eine Baubeschreibung vor?

noch: Checkliste: Wohnungskauf

Gemeinschaftsverhältnis

- Ist die Gemeinschaftsordnung im Detail bekannt?
- Ist die Teilungserklärung im Detail bekannt?
- Ist der Verwaltungsvertrag im Detail bekannt?
- Prüfen Sie, inwieweit Sie als Käufer an vergangene Beschlüsse der Gemeinschaft gebunden sind.
- Welchem Zweck dient die Wohnungseigentumsanlage?
- Ist die Höhe des Hausgelds angemessen?
- Wie ist das Stimmrecht geregelt?
- Wie seriös ist der Verwalter?
- Ist die Miteigentumsquote realistisch?
- Abgrenzung zwischen Sonder- und Gemeinschaftseigentum.
- Ist der Kostenverteilungsschlüssel gerecht?
- Wie ist die Eigentümerversammlung geregelt?
- Ist gewerbliche oder freiberufliche Nutzung möglich?
- Liegt eine Hausordnung vor?

Weitere wichtige Informationen vor dem Kauf

- Sehen Sie die letzten Versammlungsprotokolle ein.
- Sehen Sie den laufenden Wirtschaftsplan und die letzte Jahresabrechnung ein.
- Lassen Sie sich den Grundbesitzabgabenbescheid und den Einheitswertbescheid sowie, nach Möglichkeit, einen vorliegenden Mietvertrag vorlegen.
- Fragen Sie den Verwalter nach Wohngeldrückständen in der Eigentümergemeinschaft.
- Fragen Sie insbesondere nach Wohngeldrückständen des Verkäufers.

Begründung und Erwerb von Wohnungseigentum

noch: Checkliste: Wohnungskauf

- Gibt es Beschlüsse der Eigentümerversammlung, wodurch die Teilungserklärung oder die Gemeinschaftsordnung geändert wird?
- Gibt es Beschlüsse der Eigentümergemeinschaft, welche das Mitgebrauchsrecht an gemeinschaftlichen Einrichtungen beschränken?
- Gibt es rechtskräftige Gerichtsbeschlüsse?
- Gibt es anhängige Gerichtsverfahren zwischen der Wohnungseigentümergemeinschaft und einem einzelnen Wohnungseigentümer, oder sind derartige Verfahren zu erwarten?
- Wie hoch ist die Hausgeldvorauszahlung?
- Kontonummer der Gemeinschaft.
- Wie hoch sind die momentanen Instandhaltungsrücklagen?
- Stehen größere Instandhaltungs- oder Instandsetzungsarbeiten an?
- Sind Sonderumlagen zu erwarten?
- Sind bereits Sonderumlagen beschlossen?
- Gibt es behördliche Auflagen, welche noch erfüllt werden müssen?
- Bestehen bauliche Auflagen, welche noch erfüllt werden müssen?
- Muss der Verwalter dem Verkauf zustimmen?
- Wer ist der Verwaltungsbeiratsvorsitzende?

Planbeschreibung der Wohnung

- Ist die Planbeschreibung identisch mit dem anfänglichen Aufteilungsplan?
- Sind Keller vorhanden?
- Ist der Speicher ausbaufähig?

Juristische Informationen

noch: Checkliste: Wohnungskauf

- Wie viele Pkw-Stellplätze gibt es und wo liegen diese?
- Nebenräume?
- Gibt es nachträgliche bauliche Veränderungen?

Ist die Wohnung bereits vermietet?

- Haben Sie den Mietvertrag eingesehen?
- Wollen Sie in diesen Mietvertrag eintreten?
- Haben Sie den Mieter kennengelernt?
- Zahlt der Mieter pünktlich Miete?
- Ist eine Kaution geleistet worden?
- Welche Kündigungsmöglichkeiten bestehen?
- Sind die Nebenkosten geregelt?
- Wann war die letzte Mietzinserhöhung?

Beratung

- Haben Sie sich steuerrechtlich beraten lassen?
- Haben Sie rechtlichen Rat eingeholt?

Wird die Immobilie über einen Makler angeboten?

- Ist eine Maklerprovision vereinbart?
- Ist die Maklerprovision berechtigt?
- Höhe der Maklerprovision?

Notar

- Ist Ihnen der Notar bekannt?
- Ist es der Notar nach Wahl des Verkäufers?
- Geht der Notar auf Ihre Fragen ein?

Abnahme einer Wohnung

3

1. Das müssen Sie beachten 60
2. Baumängel 61
3. Gewährleistung 65
4. Nacherfüllung 65
5. Minderung 68
6. Rücktritt 69
7. Schadensersatz 69
8. Verjährung 74

Abnahme einer Wohnung

1. Das müssen Sie beachten

Im Werkvertragsrecht ist die Abnahme die Hauptpflicht des Auftraggebers. Hierdurch stellt der Auftraggeber fest, dass das Werk als im Wesentlichen vertragsgemäß hergestellt ist.

Beginn der Gewährleistungsfristen

Mit Abnahme beginnen die Gewährleistungsfristen zu laufen. Es ist im Bauträgervertrag unerlässlich, dass eine förmliche Abnahme vereinbart wird. In der Regel geschieht die Abnahme durch einen gemeinsamen Ortstermin, bei dem die Wohnung besichtigt wird und etwaige Mängel oder fehlerhafte Leistungen im Abnahmeprotokoll schriftlich festgehalten werden. Die Abnahme Ihrer Wohnung als Sondereigentum ist zu unterscheiden von der Abnahme des Gemeinschaftseigentums. Bei größeren Wohnanlagen ist es nicht praktikabel, dass alle Eigentümer bei dem Abnahmetermin des Gemeinschaftseigentums anwesend sind. Insofern wird im Bauträgervertrag hierüber eine Regelung getroffen. Regelmäßig ist es so, dass ein Teil der Käufer im Auftrag der Gemeinschaft diese Abnahme vornehmen und dass ein Sachverständiger hinzugezogen wird. Ebenso ist es möglich, dass der Verwalter mit der Abnahme beauftragt wird.

Achtung: Der Verwalter, der die Abnahme des Gemeinschaftseigentums vornimmt, sollte vom Bauträger unabhängig sein. Dies ist nicht der Fall, wenn der erste Verwalter von dem Bauträger eingesetzt wird.

Abnahme des Gemeinschaftseigentums

Mit dieser Abnahme beginnt auch die Gewährleistungsfrist für das Gemeinschaftseigentum. Wenn keine Gemeinschaftsabnahme stattfindet, muss mit jedem einzelnen Erwerber das Gemeinschaftseigentum abgenommen werden. Dies hätte zur Folge, dass je nach unterschiedlicher Abnahme verschiedene Gewährleistungsfristen zu laufen beginnen. Eine bloße Ingebrauchnahme des Gemeinschaftseigentums durch die Eigentümer hat nicht die Wirkung einer Abnahme (BGH, NJW 1981, 1841). Insofern hat der Bauträger ein eigenes Interesse daran, dass eine förmliche Abnahme des Gemeinschaftseigentums durchgeführt wird.

Für Sie als Erwerber ist der Zeitpunkt der Abnahme der Moment, in dem Sie das vom Bauträger erstellte Werk als gut annehmen. Ab diesem Zeitpunkt können Sie von dem Bauträger keine Neuherstellung des mangelhaften Werkes verlangen, sondern haben nur noch einen Anspruch auf Mängelbeseitigung. Ferner haben Sie nach der Abnahme die Beweislast dafür, dass das hergestellte Werk einen anfänglichen Mangel hat. Darüber hinaus ist mit dem Zeitpunkt der Abnahme auch die Vergütung fällig.

Rechtliche Wirkung der Abnahme

Rechtlich bedeutet die Abnahme für Sie, dass:

- die Vergütung fällig wird
- die Gewährleistungsfrist zu laufen beginnt
- eine Beweislastumkehr eintritt und Sie für im Gerichtsverfahren behauptete Mängel beweispflichtig sind
- in der Regel der Besitz übergeht und Sie für alle dann auftretenden Schäden haften
- Nutzungen und Lasten auf Sie übergehen
- später auftretende Mängel durch Sie bei Subunternehmen geltend gemacht werden müssen
- bei fehlendem Vorbehalt der Verlust von Rechten eintritt
- Vertragsstrafen vorbehalten werden

2. Baumängel

Von einem Baumangel ist auszugehen, wenn gegen die anerkannten Regeln der Baukunst oder Bautechnik verstoßen wird. Dies ist der Fall, wenn das erstellte Bauwerk nicht die vertraglich zugesicherten Eigenschaften hat oder mit Fehlern behaftet ist, die den Wert bzw. die Tauglichkeit zu dem gewöhnlichen, vertraglich vorausgesetzten Gebrauch aufheben oder mindern.

Abnahme einer Wohnung

Der Baumangel ist ein Fehler, der den Wert oder die Tauglichkeit des Bauwerkes aufhebt oder mindert. Hier sind als Mängel z. b. zu nennen: ein Verstoß gegen die anerkannten Regeln eines Faches, wie sie z. B. in den Unfallverhütungsvorschriften, DIN-Normen, VDE-Bestimmungen und VDI-Richtlinien niedergelegt sind. Weitere Baumängel können z. b. eine fehlende baurechtliche Genehmigung sein, eine um 10 % kleinere Wohnfläche als im Vertrag angegeben oder eine unterlassene Lärmschutzmaßnahme.

Ein Baumangel liegt z. B. bei folgenden Fällen vor:

Checkliste: Baumangel

- Unbebaubarkeit oder beeinträchtigte Bebaubarkeit eines Grundstücks
- Beschränkte Vermietbarkeit von Räumen aufgrund von baurechtlichen Vorschriften
- Funktionsmängel in der Entwässerungsanlage
- Unrichtige Angaben über Lage und Größe der Eigentumswohnung
- Ungeeignete Bodenbeschaffenheit
- Bebaubarkeit des Nachbargrundstücks, wenn hierdurch Ihre Rechte erheblich beeinflusst werden
- Denkmalschutz
- Ehemalige Nutzung des Baugrundstücks als Mülldeponie

Ein Baumangel ist gegeben, wenn eine vertraglich zugesicherte Eigenschaft nicht vorliegt. Zugesichert ist eine Eigenschaft, wenn diese ausdrücklich Vertragsinhalt geworden ist und Sie als Käufer zu erkennen gaben, dass diese zugesicherte Eigenschaft ein wichtiger Vertragspunkt ist, ohne welche der Vertrag nicht zustande kommen wird. Eine Eigenschaft ist zugesichert, wenn der Bauträger durch eine ausdrückliche oder auch stillschweigende Erklärung, die Vertragsinhalt ist, Ihnen zu erkennen gibt, dass er für den Bestand der betreffenden Eigenschaft und die Folgen ihres Fehlens einstehen will. So kann z. b. die Höhe von Mieterträgen in einem Vertrag zugesichert werden. Die Zusicherung ist ein Versprechen seitens des Bauträgers, dass das Werk mit einer ganz bestimmten Eigenschaft ausgestattet ist. Eine Eigenschaft ist ein dem Bauwerk auf gewisse Dauer anhaftendes Merkmal, welches für Sie als Käufer erheblich ist. So können z. b. zugesicherte Eigenschaften das zu verwendende Baumaterial sein. Wenn Sie z. b. besonders ökologische Baustoffe bevorzugen und einen hohen Wert auf ökologisches Wohnen legen, können Sie im Bauvertrag vereinbaren, dass bestimmte Baustoffe verwendet werden oder andere nicht verwendet werden dürfen. Der Bauträger hat die Beweislast dafür, dass die von ihm zugesicherte Eigenschaft vorhanden ist und er die Zusicherung gehalten hat.

Bauleistungen nach anerkannten Regeln der Technik

Wenn in dem Bauträgervertrag die VOB wirksam vereinbart wurde, so sind die Bauleistungen auch nach den anerkannten Regeln der Technik gemäß § 13 Nr. 1 VOB/B zu erbringen. Auch in einem rein bürgerlich-rechtlichen Werkvertrag muss der Bauträger die anerkannten Regeln der Bautechnik einhalten. Die anerkannten Regeln der Bautechnik sind solche technische Regeln, die in der Wissenschaft als theoretisch richtig erkannt sind, feststehen und von den Technikern nach dem neuesten Erkenntnisstand als richtig und notwendig anerkannt sind. Das heißt, der Bauträger bzw. dessen Subunternehmer haben die Bauleistung als sach- und fachgerecht nach dem heutigen Stand der Technik zu erbringen. Diese anerkannten Regeln der Bautechnik sind in den einheitlichen technischen Baubestimmungen niedergelegt, VDE-Vorschriften, VDI-Richtlinien und DIN-Normen.

Achtung: Wenn sich der Bauunternehmer an veraltete DIN-Normen hält und diese durch neuere Vorschriften überholt sind, so ist das Werk mangelhaft.

Abnahme einer Wohnung

> **Profi-Tipp:**
> Wenn Sie den Verdacht haben, dass eine Bauleistung als mangelhaft erstellt wurde und möglicherweise aktuellen DIN-Vorschriften widerspricht, sollten Sie einen Sachverständigen zu Rate ziehen und notfalls ein selbstständiges Beweisverfahren durchführen. Es kann aber auch der umgekehrte Fall gegeben sein, dass die neuesten Baumaterialien einen Baumangel darstellen, wenn diese Materialien nicht genügend erprobt worden sind.

Haftung für Organisationsmängel

Nach neuerer Rechtsprechung haftet ein Bauträger auch für Organisationsmängel. Denn der Unternehmer trägt Verantwortung dafür, dass die Organisation auf der Baustelle so geregelt ist, dass Mängel vermieden bzw. sofort behoben werden können. Für die pflichtgemäße und richtige Organisation hat der Unternehmer zu sorgen und diese zu überwachen. Pflichtverletzungen der Mitarbeiter werden dem Unternehmer zugerechnet, wenn dieser Mitarbeiter mit der Prüfung des Werks auf Mangelfreiheit beauftragt, oder wenn dieser Mitarbeiter einen ihm bekannten Mangel verschweigt. In diesem Fall werden Sie als Erwerber so gestellt, wie wenn dem Bauträger der Mangel bei der Ablieferung des Werkes bekannt gewesen wäre. Das heißt, der Bauträger wird so gestellt, wie wenn er Ihnen bei der Abnahme einen Mangel arglistig verschwiegen hätte. Diese Rechtsprechung erweitert das Haftungsrisiko des Bauträgers, wenn dieser Mangel auf ein Organisationsverschulden zurückzuführen ist (Wirth in BauR 1994, 33). Wenn der Käufer einen Mangel innerhalb der regulären Gewährleistungszeit entdeckt und diesen nicht binnen der Jahresfrist des § 124 Abs. 1 BGB geltend macht, können Sie sich nicht auf ein Organisationsverschulden berufen (OLG Hamm, OLGR 1998, 386).

3. Gewährleistung

Der Bauunternehmer hat seine Leistung so zu erbringen, dass sie nicht mit einem Fehler behaftet ist und die zugesicherte Eigenschaft hat. Ein Fehler darf den Wert oder die Tauglichkeit zu dem gewöhnlichen oder nach dem Vertrag vorausgesetzten Gebrauch nicht aufheben oder mindern.

Wenn das Bauwerk mit einem Fehler behaftet ist, so hat der Erwerber einen Mängelbeseitigungsanspruch. Dieser Mängelbeseitigungsanspruch wird auch häufig Nachbesserung genannt.

Grundsätzlich stehen dem Erwerber folgende Ansprüche bei Baumängeln im Rahmen der Gewährleistung zur Verfügung:

- Nachbesserung nach Werksvertragsrecht
- Nachbesserung nach VOB
- Minderung
- Wandlung
- Schadensersatz

Nach den Regeln des BGB können Sie Anspruch haben:

- gemäß § 635 BGB auf Nacherfüllung bzw. Mängelbeseitigung
- gemäß § 638 BGB auf Wandlung oder Minderung
- gemäß § 636 BGB auf Schadensersatz wegen Nichterfüllung

4. Nacherfüllung

Der Nacherfüllungsanspruch gemäß § 635 BGB ist ein Anspruch auf Erfüllung des ursprünglichen Vertrags. Hierbei wird ein Verschulden des Bauunternehmers nicht vorausgesetzt. Es ist auch nicht vorgeschrieben, wie Sie die Mängelbeseitigung verlangen müssen. Dies kann mündlich oder schriftlich geschehen. Wichtig ist jedoch, dass Sie diese Mängelbeseitigung, die Sie verlangen, auch

Abnahme einer Wohnung

beweisen können. Daher ist aus Beweisgründen der schriftlichen Aufforderung zur Mängelbeseitigung der Vorzug zu geben.

Achtung: Die Mängelbeseitigungspflicht des Bauträgers oder Bauunternehmers beginnt erst dann, wenn Sie an ihn ein entsprechendes Verlangen richten.

Beginn des Verzugs

In Verzug gerät der Bauträger erst dann, wenn Sie ihn zur Nacherfüllung auffordern und ihm hierfür eine angemessene Frist eingeräumt haben. Wenn er den Mangel nach Ablauf dieser Frist immer noch nicht beseitigt hat, befindet er sich in Verzug. In der Praxis hat dieser Mängelbeseitigungsanspruch eine große Bedeutung, da Sie schon während der Bauphase oft erkennen können, dass ein Mangel vorliegt und diesen noch während der Bauausführung vom Bauunternehmer beseitigen lassen können. Gemäß § 633 Abs. 2 BGB ist der Bauunternehmer zur Beseitigung des Mangels verpflichtet. Er kann jedoch diese Beseitigung verweigern, wenn dies für ihn objektiv unmöglich ist oder der Aufwand unverhältnismäßig groß ist. Wenn der Bauunternehmer vorträgt, dass er den Mangel nicht beseitigen kann, weil dies für ihn ein unverhältnismäßig hohen Aufwand bedeutet, so können Sie vom Bauherrn Minderung oder Schadensersatz verlangen. Wenn der Nacherfüllungsanspruch begründet ist, kann der Erwerber auch die Zahlung des Werklohns verweigern, wenn der Bauunternehmer der Nacherfüllung nicht nachkommt.

Wenn Sie die Nacherfüllung verlangen, müssen Sie Lage und Art des Mangels genau angeben. Sie brauchen jedoch nicht die wirkliche Ursache der Symptome bezeichnen. Wie und auf welche Weise der Mangel beseitigt wird, ist wiederum Sache des Bauunternehmers, da dieser das Risiko für die Nacherfüllung trägt.

Bauunternehmer schuldet ein mangelfreies Werk

Grundsätzlich schuldet Ihnen der Bauunternehmer ein mangelfreies Werk. Dies kann der Bauunternehmer entweder dadurch leisten, indem er sein Werk neu herstellt, oder die Mängel am bereits hergestellten Werk beseitigt.

Nacherfüllung

Bauunternehmer in Verzug setzen

Wenn Sie den Unternehmer durch Fristsetzung in Verzug gesetzt haben, können Sie den Mangel nach Ablauf der Frist selbst beseitigen bzw. Ersatz der erforderlichen Aufwendungen zur Mängelbeseitigung verlangen. Bei der Fristsetzung müssen Sie jedoch beachten, dass es sich um eine angemessene Frist handeln muss, in welcher der Bauunternehmer die Mängelbeseitigung auch durchführen kann. Andernfalls setzt eine unangemessen kurze Frist eine angemessen lange Frist in Gang (vgl. BGH, WM 1986, 1255). Eine Frist gilt als unangemessen kurz, wenn es schier unmöglich ist, in dieser Frist einen Mangel zu beheben. In diesem Fall wird eine Frist in Gang gesetzt, die eine Mängelbeseitigung realistisch zulässt.

Was ist eine Ersatzvornahme?

Wenn sich der Bauunternehmer in Verzug befindet, können Sie die sogenannte Ersatzvornahme durchführen lassen. Dabei beauftragen Sie einen eigenen Handwerker, welcher den Mangel beseitigt. Dies wird Ersatzvornahme genannt. Für diese Ersatzvornahme können Sie vom Bauunternehmer die notwendigen objektiven Aufwendungen verlangen. Hierzu gehören auch die Kosten, welche notwendig sind, damit die Schadensursache ausfindig gemacht wird.

Wichtig: Wenn Sie einen Mangel von einem Dritten beseitigen lassen, ohne dass Sie den Unternehmer mit seiner Nachbesserung in Verzug gesetzt haben, haben Sie keinen Anspruch auf Ersatz Ihrer Aufwendungen.

Für Mängel, welche ihre Ursache in Ihrem Verantwortungsbereich haben, besteht kein Nacherfüllungsanspruch. Ebenso haben Sie keinen Nacherfüllungsanspruch, wenn Sie selbst dem Bauunternehmer fehlerhafte Bauunterlagen zur Verfügung gestellt haben.

Achtung: Eine Nacherfüllung können Sie nicht mehr verlangen, wenn Sie dem Bauunternehmer eine Frist mit Ablehnungsandrohung gesetzt haben. Denn nach erfolglosem Fristablauf können Sie nur noch Wandlung, Minderung oder Schadensersatz vom Bauunternehmer verlangen.

Abnahme einer Wohnung

5. Minderung

Anstelle der Nacherfüllung kann der Erwerber vom Bauunternehmer auch Minderung, das ist die Herabsetzung der Vergütung, verlangen, wenn der Bauunternehmer den Mangel nach einer gesetzten Frist nicht behoben hat und der Erwerber weitere Mängelbeseitigungsversuche ablehnt. Die Minderung ist aber auch dann möglich, wenn für den Bauunternehmer die Beseitigung des Mangels objektiv unmöglich ist oder wenn sich der Bauunternehmer darauf beruft, dass die Mängelbeseitigung unverhältnismäßig schwierig für ihn ist. Hier besteht für den Käufer das Recht der Minderung. Voraussetzung für die Minderung ist, dass der Käufer dem Bauunternehmer eine Frist mit Ablehnungsandrohung setzt, innerhalb welcher er den Baumangel zu beseitigen hat. Das heißt, hier wird dem Bauunternehmer eine letzte Gelegenheit eingeräumt, den Mangel zu beseitigen und den vertragsgemäßen Zustand herzustellen.

Wichtig: Bei dieser Fristsetzung mit Ablehnungsandrohung haben Sie als Käufer den zu behebenden Mangel konkret zu bezeichnen. Der Mangel muss nach Art und Umfang mit Hilfe eines Sachverständigen ohne Zeugen festgestellt werden können. Auch hier gilt, dass eine zu kurze Frist eine angemessene Frist in Gang setzt. Keine Fristsetzung ist jedoch dann nötig, wenn für den Bauunternehmer die Mängelbeseitigung unmöglich ist oder er die Nachbesserung endgültig verweigert hat.

> **Profi-Tipp:**
>
> Überlegen Sie sich gut, ob Sie eine solche Fristsetzung mit Ablehnungsandrohung aussprechen. Denn hierdurch verlieren Sie Ihren ursprünglichen Anspruch auf Nachbesserung sowie den hieraus resultierenden Kostenerstattungsanspruch.

Zwar ist es sicher verlockend, dass Sie durch den Minderungsanspruch den Werklohn herabsetzen können, jedoch verlieren Sie Ihr Recht auf einen nochmaligen Nachbesserungsversuch seitens des Bauunternehmers. Daher sollten Sie den Weg der Minderung nur dann wählen, wenn es sich um einen sogenannten kosmetischen Mangel handelt, der nicht das Bauwerk in seiner Substanz oder Qualität beeinflusst.

Höhe der Minderung

Die Höhe der Minderung bemisst sich nach dem Verhältnis des Werts der mangelhaften Sache zur mangelfreien Sache. Hierbei drückt sich der Minderwert regelmäßig in dem Betrag aus, der aufgewendet werden muss, um die nicht zu behebenden Mängel durch eine angemessene Ersatzlösung zu beseitigen (BGHZ 1990, 354; BGH, BauR 1984, 401; BGH, NJW 1991, 2630). Neben diesem Betrag muss auch noch der verbleibende technische oder merkantile Minderwert berücksichtigt werden. Der technische Minderwert umfasst die Nachteile, die durch den Mangel bei Gebrauch und bei Benutzung des Bauwerks entstehen. Der merkantile Minderwert bezieht sich auf die Wertbeeinträchtigung, den das Bauwerk wegen des Mangels erleidet. Im Extremfall kann sich die Werklohnforderung des Bauunternehmers bis auf Null reduzieren, wenn die Bauleistung absolut unbrauchbar ist.

6. Rücktritt

Unter den gleichen Voraussetzungen wie bei der Minderung können Sie auch Rücktritt verlangen. Rücktritt ist die Rückgängigmachung des Vertrags. Sie ist zwar auch bei Bauwerken möglich, spielt jedoch in der Praxis eine untergeordnete Rolle, zumeist nur dann, wenn die Substanz des Bauwerks zerstört wird. Hierbei müssten alle geleisteten Zahlungen gegen Rückgabe des erhaltenen Werks zurückerstattet werden und Grundbuchbelastungen gelöscht werden.

7. Schadensersatz

Anstelle der Minderung können Sie auch gemäß § 636 BGB Schadensersatz wegen Nichterfüllung verlangen.

Wahlrecht des Käufers

Hier haben Sie grundsätzlich ein Wahlrecht. Sie können Minderung oder Schadensersatz verlangen. Nicht jedoch beides. Zu beachten

Abnahme einer Wohnung

ist, dass die Minderung verschuldensunabhängig ist, der Schadensersatz verschuldensabhängig. Das heißt der Bauunternehmer muss fahrlässig oder vorsätzlich gehandelt haben. Neben dem Verschulden des Bauunternehmens müssen auch die übrigen Voraussetzungen des Minderungsanspruches treten. Sie müssen gegenüber dem Bauunternehmer eine Fristsetzung zur Mängelbeseitigung ausgesprochen haben, welche mit der Ablehnungsandrohung verbunden ist. Auch hier erlöschen Ihre Rechte auf Nachbesserung, wenn der Bauunternehmer innerhalb der ihm gesetzten Frist den Mangel nicht beseitigt. Grundsätzlich geht der Schadensersatzanspruch auf eine Entschädigung in Geld. Ihr Schadensersatzanspruch setzt weiterhin voraus, dass der Bauunternehmer den Mangel zu vertreten hat.

Wichtig: In diesem Zusammenhang gilt für Sie eine Beweiserleichterung. Denn der Bauunternehmer muss beweisen, dass er den Mangel nicht zu vertreten hat, er muss somit seine Unschuld beweisen. Weiter wird vorausgesetzt, dass Sie das Bauwerk abgenommen haben. Darüber hinaus können Sie wählen, ob Sie den sogenannten kleinen oder großen Schadensersatz fordern, denn Sie können das geleistete Werk zurückweisen und den durch die Nichterfüllung des Vertrages verursachten Schaden ersetzt verlangen (großer Schadensersatz). Sie können jedoch auch das errichtete Werk behalten und den durch seine Mangelhaftigkeit verursachten Schaden ersetzt verlangen (kleiner Schadensersatz). Regelmäßig wird der kleine Schadensersatz gewählt, da dies dem Interesse des Käufers entspricht, der die Eigentumswohnung normalerweise behalten will. Bei einem großen Schadensersatzanspruch wird der Schaden durch den Vergleich der Vermögenslage, die durch das schädigende Ereignis eingetreten ist, und derjenigen, die Sie hätten, wenn das Ereignis nicht eingetreten wäre, festgestellt.

Umfang des „kleinen Schadensersatzes"

Beim kleinen Schadensersatzanspruch werden in der Regel die Mängelbeseitigungskosten sowie der niedrigere Marktwert der Eigentumswohnung verrechnet. Ferner sind als Schadensersatz auch Gutachterkosten zu ersetzen, welche notwendig waren, um

Schadensersatz

die Möglichkeiten der Mängelbeseitigung zu klären. Ferner gehören zum Schadensersatz auch die Kosten eines selbstständigen Beweisverfahrens.

Welche Schäden ersetzt werden

Beim Schadensersatz können Sie grundsätzlich Schäden ersetzt verlangen, welche durch den Mangel verursacht sind. Dies betrifft in erster Linie Schäden, die unmittelbar mit dem Mangel des Werkes zusammenhängen. Mangelfolgeschäden, das sind Mängelschäden, die nicht unmittelbar mit dem Schaden zusammenhängen. Entfernte Mangelfolgeschäden können Sie durch den Schadensersatzanspruch des § 636 BGB nicht geltend machen.

„Mangelschäden"

Als Mangelschäden können z. B. gelten:

- Fehler in einem geologischen Baugrundgutachten
- Feuchtigkeitsschäden aufgrund eines fehlerhaften Sanierungsgutachtens
- Mangelnde Bewohnbarkeit eines Hauses
- Privatgutachterkosten über die Mängel
- Vermessungsfehler, die den Wert des Grundstücks mindern
- Fehlerhafte Dachisolierung, welche die Lebensdauer des Dachs verkürzt

„Mangelfolgeschäden"

Mangelfolgeschäden:

- Wasserschaden aufgrund von dünnwandigen Heizkörpern
- Brandschäden aufgrund von Schweißarbeiten
- Brandschäden aufgrund einer fehlerhaften Isolierung von Rauchgasrohren

Abnahme einer Wohnung

- Schäden, die durch ein loses, herunterfallendes Brett verursacht wurden
- Mangelhafte Beratung des Bauherrn durch den beauftragten Architekten bei der Untersuchung von Baumängeln

Achtung: Ein Schadensersatzanspruch darf Sie jedoch nicht besser stellen, als Sie es ohne den Schaden gewesen wären. In der Regel wird ein gewisser Vorteilsausgleich in Ansatz gebracht. Hierbei müssen Sie sich nur solche notwendigen Baukosten als Vorteilsausgleich anrechnen lassen, die Sie tatsächlich eingespart hätten, wenn die Werkleistung von vornherein ordnungsgemäß ausgeführt worden wäre.

> **Checkliste: Abnahme**
>
> - Vor der Abnahme das Bauobjekt auf Mängel besichtigen.
> - Nur die Abnahme der gesamten Eigentumswohnung bzw. Ihres gesamten Sondereigentums akzeptieren. Akzeptieren Sie keine Teilabnahmen.
> - Wer hat die Kosten des Bausachverständigen zu tragen, den Sie zur Abnahme mitnehmen wollen?
> - Bei der Abnahme sollte eine Person Ihres Vertrauens als unbeteiligter Dritter, potenzieller Zeuge anwesend sein.
> - Lassen Sie die Abnahme in einem Protokoll schriftlich festhalten.
> - Inhalt des Abnahmeprotokolls: Noch ausstehende Restarbeiten, Vorbehalte wegen Vertragsstrafen, Baumängel, Datum, Unterschriften der Vertragsparteien.
> - Lassen Sie sich ein unterschriebenes Abnahmeprotokoll aushändigen.

Achtung: Eine stillschweigende Abnahme kann erfolgen, wenn Sie in angemessener Zeit nach Einzug und Nutzung der Wohnung keine Mängel rügen und Sie ohne Vorbehalt den Restkaufpreis leisten.

Schadensersatz

Abnahme des Gemeinschaftseigentums

Durch die Abnahme des Sondereigentums wird das Gemeinschaftseigentum nicht abgenommen. Auch beim Gemeinschaftseigentum sollte die Abnahme förmlich, schriftlich erfolgen. Dabei sollte die Abnahme des Gemeinschaftseigentums durch einen Bausachverständigen erfolgen. Die Abnahme des Gemeinschaftseigentums sollte nicht durch den Hausverwalter, der durch den Bauträger eingesetzt wurde, erfolgen.

Achtung: Einzelne Wohnungseigentümer sind nicht befugt, Vereinbarungen mit dem Bauträger über Gewährleistungsansprüche des Gemeinschaftseigentums zu treffen. Solche Vereinbarungen sind gegenüber der Eigentümergemeinschaft unwirksam (OLG Hamm, NZM 2001, 1144).

Checkliste: Baumängel

- Welche Baumängel liegen vor?
- Nachbesserung oder Mängelbeseitigung
  - Wandlung
  - Minderung
  - Schadensersatz wegen Nichterfüllung
- Formmangel liegt vor, wenn
  das zu erstellende Werk mit einem Fehler behaftet ist, der den Wert bzw. die Tauglichkeit zu den gewöhnlichen oder nach dem Vertrag vorausgesetzten Gebrauch aufhebt oder mindert; das Bauwerk nicht die vertraglich zugesicherten Eigenschaften besitzt; das Bauwerk nicht nach den anerkannten Regeln der Technik erstellt wurde.
- Eine zugesicherte Eigenschaft ist das Versprechen des Bauunternehmers, das Bauwerk mit einer bestimmten Eigenschaft auszustatten.

Abnahme einer Wohnung

noch: Checkliste: Baumängel

- Die anerkannten Regeln der Technik sind solche technischen Regeln, die in der Wissenschaft als theoretisch richtig erkannt sind und feststehen sowie im Kreis der nach dem neuesten Erkenntnisstand ausgebildeten Techniker durchweg bekannt und aufgrund fortdauernder praktischer Erfahrung als richtig und notwendig anerkannt sind.

8. Verjährung

Ihr Anspruch auf Beseitigung eines Mangels bzw. Ihr Anspruch auf Wandlung, Minderung oder Schadensersatz sind der Verjährung unterworfen, wenn Ihnen der Bauunternehmer den Mangel nicht arglistig verschwiegen hat. Ein arglistiges Verschweigen liegt dann vor, wenn der Bauunternehmer Sie durch sein Verschweigen über eine Tatsache täuscht, bezüglich der er eine Aufklärungspflicht gehabt hätte. Zwar ist es grundsätzlich Ihre Sache, dass Sie Ihre eigenen Interessen selbst wahrnehmen, aber wenn Sie nach Treu und Glauben unter Berücksichtigung der Verkehrsanschauung redlicherweise eine Aufklärung hätten erwarten dürfen, diese jedoch nicht erfolgte, liegt ein arglistiges Verschweigen vor (BGH, NJW 1989, 764). Sofern kein arglistiges Verschweigen vorliegt, verjähren Mängelansprüche in zwei Jahren, wenn es sich um ein Werk handelt, dessen Erfolg in der Herstellung oder Veränderung einer Sache liegt; bei Arbeiten an einem Bauwerk in fünf Jahren. Im Übrigen gilt gemäß § 634a Abs. 1 Nr. 3 BGB die regelmäßige, dreijährige Verjährung des § 195 BGB. Hierbei beginnt die Verjährung mit der Abnahme des Werkes.

Die in § 634a Abs. 1 Nr. 1 BGB geregelte Zweijahresfrist scheidet bei einem Bauvertrag meistens aus, da es sich dabei zumeist um Arbeiten an einem Bauwerk handelt.

Verjährung

Verjährung bei beweglichen Sachen

Die zweijährige Verjährungsfrist gilt normalerweise für bewegliche Sachen. Dies ist z. B. dann der Fall, wenn eine bewegliche Sache, wie eine Markise, nur mit ein paar Schrauben am Gebäude befestigt ist, leicht und schnell wieder entfernt werden kann und somit keine feste und dauerhafte Verbindung mit dem Bauwerk hat.

Arbeiten an einem Bauwerk mit fünfjähriger Verjährungsfrist

- DGH, NJW-RR 1991, 1367: Einbau einer Alarmanlage

- OLG Koblenz, NJW-RR 1989, 336: Der Einbau einer Hoftoranlage

- OLG Köln, NJW-RR 1989, 209: Der Einbau einer nicht tragenden Decke

- BGH, BauR 1990, 351: Die Lieferung und Montage einer maßgeschneiderten Einbauküche

- OLG Hamm, NJW-RR 1988, 1106: In einem Hotelballsaal: Der Einbau einer Beschallungsanlage

- BGH, NJW 1991, 2486: Das nachträgliche Verlegen eines Teppichbodens mittels eines Klebers

- OLG Düsseldorf, NJW-RR 1990, 916: Der Austausch der Fenster durch Isolierglasscheiben

- OLG Koblenz, NJW-RR 1995, 655: Der Einbau eines Kachelofens

Wie bereits gesagt, beginnen die Verjährungsfristen mit der Abnahme. Bei einer Teilabnahme beginnt die Verjährungsfrist mit der Abnahme des jeweiligen Teils.

Achtung: In der Praxis wird viel darum gestritten, wann die Abnahme erfolgt ist. Denn erst, wenn der Abnahmezeitpunkt und somit der Verjährungsbeginn feststeht, kann auch das Verjährungsende berechnet werden. Dies ist für viele Prozesse von großer Bedeutung. Daher sollten Sie immer ein Abnahmeprotokoll erstellen lassen, in welchem der Zeitpunkt der Abnahme feststeht.

Abnahme einer Wohnung

Unterbrechung und Hemmung

Die Verjährungsfrist, welche mit dem Zeitpunkt der Abnahme zu laufen beginnt, kann jedoch auch unterbrochen oder gehemmt werden. Gemäß § 203 BGB ist die Verjährung gehemmt, wenn Verhandlungen über einen Anspruch oder einen Anspruch begünstigenden Umstand geführt werden. Ferner tritt eine Hemmung der Verjährung ein, wenn gemäß § 204 Abs. 1 Nr. 8 BGB in Verbindung mit § 641a BGB ein Begutachtungsverfahren geführt wird. Diese Verjährungshemmung endet in dem Moment, in welchem der Bauunternehmer Ihnen das Ergebnis seiner Untersuchungen oder Nachbesserungsarbeiten mitteilt und den Mangel als beseitigt erklärt oder eine weitere Mängelbeseitigung ablehnt. Ab diesem Zeitpunkt läuft die Verjährungsfrist weiter.

Achtung: Die Hemmung der Verjährung erstreckt sich aber nicht nur auf die nachgebesserten Mängelerscheinungen, sondern auch auf alle anderen vorhandenen Mängel, welche für dieses Mangelerscheinungsbild ursächlich waren. Da die Hemmung der Verjährung in dem Zeitpunkt beginnt, in welchem Sie, die Vertragsparteien, sich über die Prüfung oder Nachbesserung einigen (BGH, NJW 1997, 727), sollten Sie diese Einigung immer schriftlich herbeiführen, um die Hemmung zu beweisen.

Verjährungsunterbrechung: Wann möglich?

Ferner kann die Verjährung auch durch ein selbstständiges Beweisverfahren gemäß § 485 ff. ZPO unterbrochen werden. Ebenso, wenn der Bauunternehmer Ihre Gewährleistungsansprüche anerkennt. Ein Anerkenntnis ist gegeben, wenn sich aus dem tatsächlichen Verhalten des Bauunternehmers Ihnen gegenüber klar und eindeutig ergibt, dass der Bauunternehmer sich des Bestehens des Mangels bewusst ist und Sie sich darauf verlassen können, dass der Bauunternehmer sich nicht nach Ablauf der Verjährungsfrist auf die Verjährung berufen wird. Dies wäre rechtsmissbräuchlich. Insofern

Verjährung

sollten Sie sich auch ein solches Anerkenntnis unbedingt schriftlich geben lassen. Letztendlich kann die Verjährung natürlich auch durch Klageerhebung bei Gericht unterbrochen werden.

Die Verjährung wird gehemmt durch:

- Die Vereinbarung zwischen Ihnen und dem Bauunternehmer, dass ein von Ihnen angezeigter Mangel geprüft oder behoben werden soll (i. S. d. § 641a BGB).

- Die Hemmung endet, wenn der Bauunternehmer Ihnen das Ergebnis der Prüfung mitteilt oder der Mangel behoben ist bzw. die Mangelbeseitigung endgültig verweigert wird.

Die Verjährung wird unterbrochen durch:

- Ein Anerkenntnis Ihrer Ansprüche durch den Bauunternehmer.

- Durch eine Klage vor Gericht.

- Durch ein selbstständiges Beweisverfahren.

Für die VOB/B gilt:

- Die Verjährung beginnt mit der Abnahme.

- Für Bauwerke beträgt die Verjährungsfrist vier Jahre.

Verwaltung und Verwaltungsbeirat

4

1. Verwalter 81

2. Bestellung des Verwalters und Verwaltervertrag 85

3. Vertragsmuster 86

4. Verwaltungsbeirat 90

5. Aufgaben des Verwaltungsbeirats ... 92

6. Zusätzliche Aufgaben des Verwaltungsbeirats 96

7. Der Beirat macht den Verwalter nicht überflüssig 97

8. Wann ist ein Verwaltungsbeirat sinnvoll? 97

9. Wie wird ein Verwaltungsbeirat bestellt? 98

10. Wie erhalte ich Auskunft vom Verwaltungsbeirat? 100

11. Vergütung der Verwaltungsbeiratstätigkeit 101

12. Haftung 102

1. Verwalter

Die Verwaltung des gemeinschaftlichen Eigentums steht den Wohnungseigentümern gemeinschaftlich zu. Das heißt, als Wohnungseigentümer haben Sie nicht nur das Recht zur Mitwirkung an der Verwaltung, sondern auch die Mitwirkungspflicht. Die Verwaltung soll das gemeinschaftliche Eigentum im Interesse aller erhalten und verbessern. Die Verwaltung bezieht sich jedoch nicht nur auf das gemeinschaftliche Eigentum, sondern auch auf die Gesamtheit aller Handlungen, die für die Erhaltung der Wohnanlage notwendig sind. Gemäß § 20 WEG sind die Verwaltungsorgane die Wohnungseigentümer, der Verwalter und der Verwaltungsbeirat.

Verwalter einsetzen

Ein Verwalter ist für die Wohnungseigentümergemeinschaft gemäß § 20 Abs. 2 WEG zwingend vorgeschrieben (BGH, WE 1989, 94; BayObLG, WE 1990, 67; BGHZ 107, 268; Bärmann/Pick/Merle § 27 Rn. 4 WEG). Die Verwalterbestellung kann nicht durch Vertrag oder durch Beschluss in der Eigentümergemeinschaft verhindert werden. Dabei besteht das Problem, dass es kein gesetzlich geschütztes Berufsbild des Verwalters gibt und sich somit jede beliebige Person als Verwalter einer Eigentümergemeinschaft betätigen kann. Bestellt wird der Verwalter in der Regel durch Beschluss der Eigentümergemeinschaft. Dies erfolgt in einer beschlussfähigen Eigentümerversammlung, mit der einfachen Mehrheit der anwesenden Eigentümer. In der Regel wird der Erstverwalter zumeist durch den Bauträger eingesetzt. Der Verwalter muss nicht zwingend eine dritte Person sein. Es kann sich auch um einen Miteigentümer handeln.

Aufgaben des Verwalters

- Durchführung der Beschlüsse der Wohnungseigentümer
- Für die Durchführung der Hausordnung zu sorgen
- Für die ordnungsgemäße Instandhaltung und Instandsetzung des Gemeinschaftseigentums Sorge zu tragen

Verwaltung und Verwaltungsbeirat

noch: Aufgaben des Verwalters

- In dringenden Fällen die erforderlichen Maßnahmen dazu treffen
- Verwaltung der gemeinschaftlichen Gelder
- Zahlungen und Leistungen zu bewirken bzw. entgegenzunehmen, die mit der laufenden Verwaltung des Gemeinschaftseigentums zu tun haben
- Willenserklärungen entgegennehmen, wenn diese an die Wohnungseigentümer in ihrer Gesamtheit gerichtet sind
- Gerichtliche und außergerichtliche Ansprüche der Wohnungseigentümer geltend zu machen, sofern er durch die Eigentümergemeinschaft hierzu ermächtigt wurde

Bei Vertragsabschlüssen oder Gerichtsverfahren, welche über die laufenden Verwaltungsangelegenheiten hinausgehen, ist er nur nach vorherigem Beschluss der Eigentümerversammlung hierfür ermächtigt. Ausnahme sind dringende Notmaßnahmen, die bei Unterlassung zu Schaden am Gemeinschaftseigentum führen würden.

Die Verwaltung des Wohnungseigentums gliedert sich somit in:
- Wohnungseigentümergemeinschaft mit der Eigentümerversammlung
- Verwalter
- Verwaltungsbeirat

Bestimmung des Verwalters

In der Eigentümerversammlung ist der Verwalter das wichtigste Organ der Wohnungseigentümergemeinschaft. Die Eigentümerversammlung bestellt den Verwalter durch Beschluss mit Stimmenmehrheit. Die Eigentümerversammlung beruft den Verwalter ab. Die Bestellung eines Verwalters darf auf maximal fünf Jahre erfolgen. Die erneute Bestellung ist nach Ablauf der fünf Jahre zulässig. Die erste Bestellung des Verwalters, z. B. durch den Bauträger, darf gemäß § 26 Abs. 1 WEG nur noch drei Jahre betragen. Wie bereits gesagt, kann jede natürliche oder juristische Person Verwalter werden, und es wird vom Verwalter keine wirtschaftliche oder rechtliche Sachkunde durch Gesetz verlangt. Der Verwalter muss weder seine Befähigung, noch seine Qualifikation nachweisen. Daher ist der Verwalter, da seine Tätigkeit hohe Ansprüche an die wirtschaftliche und rechtliche Sachkompetenz stellt, von der Eigentümergemeinschaft mit Bedacht und Sorgfalt auszuwählen. Der Verwalter sollte auch die notwendige Sensibilität besitzen, um bei den oft widerstreitenden Interessen der Wohnungseigentümer auszugleichen.

Befugnisse des Verwalters

Dies gilt in besonderem Maße, da die Aufgaben und Befugnisse des Verwalters umfassend sind. So ist er berechtigt und verpflichtet, die Beschlüsse der Eigentümerversammlung durchzuführen, für die Einhaltung der Hausordnung zu sorgen, für die ordnungsgemäße Instandhaltung und Instandsetzung des gemeinschaftlichen Eigentums erforderliche Maßnahmen zu treffen, in dringenden Fällen sonstige zur Erhaltung des gemeinschaftlichen Eigentums erforderlichen Maßnahmen zu treffen und die gemeinschaftlichen Gelder zu verwalten. Der Verwalter hat darüber hinaus die Befugnis, für die Eigentümergemeinschaft Zahlungen entgegenzunehmen und auszuführen. Er ist ebenfalls berechtigt, Willenserklärungen und Zustellungen entgegenzunehmen, die an die Eigentümergemeinschaft gerichtet sind. Die Ansprüche der Eigentümergemeinschaft kann er gerichtlich und außergerichtlich geltend machen. Er ist verpflichtet, mindestens einmal jährlich eine Eigentümerversammlung einzuberufen. Zusätzliche Rechte und Pflichten des Verwalters können sich aus der Teilungserklärung, der Gemeinschaftsordnung, dem Verwaltervertrag oder aus Beschlüssen der Eigentümerversammlung ergeben.

Verwalterhonorar frei vereinbar

Das Verwalterhonorar kann die Eigentümergemeinschaft mit dem Verwalter frei vereinbaren. Hierzu sollte eine Vergütungsvereinbarung getroffen werden, da ansonsten gemäß §§ 675 und 612 Abs. 1 und 2 BGB die branchenübliche Vergütung als vereinbart gilt (KG, ZMR 2004, 460). Die Höhe des Honorars ist von der Zahl der

Verwaltung und Verwaltungsbeirat

Wohnungseinheiten und dem Umfang der zu betreuenden Gemeinschaftseinrichtungen sowie dem Umfang seiner Aufgaben abhängig. Dienstleistungen des Verwalters sind im Katalog des § 27 WEG beschrieben. Wenn der Verwalter über diesen Katalog hinaus Leistungen erbringt, werden diese pauschal oder nach Aufwand besonders berechnet. Eine Sondervergütung ist nur dann möglich, wenn sie Tätigkeiten entlohnt, die über die ordnungsgemäße Verwaltung hinausgehen (OLG Düsseldorf, ZMR 2003, 285).

Achtung: Der Verwalter ist Erfüllungs- bzw. Verrichtungsgehilfe der Wohnungseigentümer. Daher besteht die Möglichkeit, dass die Wohnungseigentümergemeinschaft für ein Verschulden bei der Auswahl des Verwalters haftet.

Haftung des Verwalters

Grundsätzlich haftet der Verwalter gegenüber der Wohnungseigentümergemeinschaft nach dem Dienstvertragsrecht des BGB, sofern ein Dienstvertrag besteht. Der Verwalter haftet dessen ungeachtet immer für Vorsatz und Fahrlässigkeit. Für Hilfspersonen haftet der Verwalter der Eigentümergemeinschaft (vgl. OLG Düsseldorf, ZMR 2004, 136), für deren Verschulden wie für eigenes Verschulden. Er haftet jedoch nicht für das Verschulden eines Hausmeisters, da dieser in einem Dienstverhältnis zur Eigentümergemeinschaft steht und nicht in einem Dienstverhältnis zum Verwalter (vgl. BayObLG, ZMR 2002, 692). Eine Haftung des Verwalters ist möglich, wenn dieser Instandhaltungsmaßnahmen pflichtwidrig unterlässt (BayObLG, NJW-RR 1996, 657). Wenn eine Baumaßnahme nicht genügend überwacht und die Eigentümergemeinschaft dadurch ihre Gewährleistungsansprüche gegenüber einem Handwerker nicht durchsetzen kann, haftet der Verwalter ebenso wie für die Verletzung der Verkehrssicherungspflicht oder das unterlassene Betreiben von Zwangsvollstreckungsmaßnahmen.

Wichtig: Da der Verwalter Ihnen gegenüber umfangreich haften kann, sollten Sie diesen dazu anhalten, dass dieser eine Haftpflichtversicherung abschließt.

2. Bestellung des Verwalters und Verwaltervertrag

Grundsätzlich kann jede geschäftsfähige Person zum Verwalter bestellt werden. Durch die Bestellung erlangt der Verwalter sein Verwalteramt, seine organschaftliche Stellung im Sinn des § 26 WEG. Die Bestellung erfolgt in drei Schritten:

1. Beschluss über die Bestellung
2. Erklärung gegenüber der bestellten Person
3. Annahme der Bestellung durch den Verwalter

Der Beschluss zur Bestellung kann mit Stimmenmehrheit von den Wohnungseigentümern gefasst werden. Wenn ein Mitglied der Wohnungseigentümergemeinschaft zum Verwalter bestellt wird, ist dieser nach Sicht des BGH ebenfalls stimmberechtigt. Er ist auch dann stimmberechtigt, wenn es um den Abschluss des Verwaltervertrags geht (vgl. BGH, Beschluss vom 19.09.2002 – V ZB 30/02; NJW 2002, 3704).

Mit der Bestellung beginnt die Amtszeit des Verwalters, die auf höchstens fünf Jahre beschränkt ist.

Da die Bestellung des Verwalters nur seine sogenannte „organschaftliche" Rechtsstellung betrifft, ist daneben der Abschluss eines Verwaltervertrags notwendig, in welchem die Rechte und Pflichten des Verwalters sowie die Honorarfrage geregelt wird. Die Bestellung des Verwalters und der Abschluss des Verwaltervertrages sind hinsichtlich der Wirksamkeit und des Zustandekommens voneinander getrennt (sog. Trennungstheorie, siehe BGH, NJW 1997, 2107; OLG Zweibrücken, ZMR 2004, 66). Der Verwaltervertrag ist in der Regel ein entgeltlicher Geschäftsbesorgungsvertrag i. S. d. § 675 BGB.

Der Verwaltervertrag kommt entweder dadurch zustande, dass er mit allen Eigentümern oder mit einem von den Eigentümern Bevoll-

Verwaltung und Verwaltungsbeirat

mächtigen geschlossen bzw. ein Beschluss gefasst wird, dass der mit dem Verwalter ausgehandelte Vertrag angenommen wird. Ein solcher Beschluss würde dann in Rechtskraft erwachsen, wenn er nicht angefochten wird; er würde dann auch gegen etwaige Sonderrechtsnachfolger wirken.

Wichtig: Soweit der Verwalter mehrwertsteuerpflichtig ist, sollte im Vertrag geklärt werden, ob das Verwalterhonorar eine Mehrwertsteuer enthält. Wenn im Verwaltervertrag die Frage der Mehrwertsteuer nicht geklärt ist, so kann der Verwalter über das vereinbarte Honorar hinaus keine Mehrwertsteuer verlangen.

3. Vertragsmuster

Verwaltervertrag

Zwischen der

Eigentümergemeinschaft Wohnanlage Seelenburg,

Rotkreuzplatz 1,

Garmisch-Partenkirchen

– nachfolgend Wohnungseigentümer genannt –

und

Wohnungsbau Werdenfels GmbH,

Ettaler-Berg-Str. 2,

Oberau

– nachfolgend Verwalter genannt –

wird der folgende Verwaltervertrag geschlossen.

§ 1 Verwaltungsgegenstand

Die Wohnungseigentümer beauftragen hiermit den Verwalter mit der Verwaltung des gemeinschaftlichen Eigentums des Anwesens Seelenburg, Rotkreuzplatz 1 in Garmisch-Partenkirchen.

Vertragsmuster

§ 2 Verwaltungsdauer

Die Dauer des Verwaltungsvertrages wird für den Zeitraum vom 01.01.2007 bis 31.12.2012 abgeschlossen. Eine wiederholte Bestellung des Verwalters ist frühestens zum 01.01.2013 durch die Wohnungseigentümer möglich. Der Verwaltervertrag endet vor dem 31.12.2012 ausschließlich dann, wenn dem Verwalter durch die Wohnungseigentümer aus wichtigem Grund außerordentlich gekündigt wird. Seitens des Verwalters kann der Vertrag mit einer Frist von sechs Monaten zum Ende eines Kalenderjahres gekündigt werden. Dies ist erstmals zum 31.12.2009 möglich.

§ 3 Obliegenheiten des Verwalters

Die Aufgaben und Befugnisse des Verwalters ergeben sich aus dem Wohnungseigentümergesetz, aus der Gemeinschaftsordnung, aus den gültigen Beschlüssen der Wohnungseigentümer und aus dem Inhalt dieses Vertrags. Im Rahmen des pflichtgemäßen Ermessens hat der Verwalter alles zu tun, was zu einer ordnungsgemäßen Verwaltung in technischer, organisatorischer und kaufmännischer Hinsicht notwendig ist. Er hat die Anlage mit der Sorgfalt und auf den Grundsätzen eines ordentlichen und fachkundigen Kaufmanns zu betreuen. Hierbei hat er die gesetzlichen Bestimmungen, die vertraglichen Vereinbarungen, die gefassten Beschlüsse der Eigentümerversammlung und rechtskräftige Gerichtsentscheidungen zu beachten.

Grundsätzlich handelt der Verwalter im Namen und für Rechnung der Wohnungseigentümer und ist Behörden, Gerichten sowie dritten Personen gegenüber bevollmächtigt, die Wohnungseigentümer zu vertreten.

Vertretungsvollmacht besitzt der Verwalter auch bei anhängigen Prozessen gegen die Wohnungseigentümer sowie in Verfahren nach § 43 WEG. Bei Aktivprozessen bedarf der Verwalter jedoch der Zustimmung durch den Verwaltungsbeirat. Dies jedoch nur dann, wenn die Angelegenheit aus Fristgründen keinen Aufschub bis zu der Herbeiführung eines Mehrheitsbeschlusses durch die ordentliche jährliche oder durch eine außerordentliche Eigentümerversammlung duldet. Insbesondere hat der Verwalter folgende Aufgaben zu erfüllen:

Verwaltung und Verwaltungsbeirat

Mit Wirkung für und gegen die Wohnungseigentümer im Rahmen seiner Verwaltungsaufgabe Verträge abzuschließen und Rechtsgeschäfte vorzunehmen. Im Innenverhältnis hat er jedoch die Zustimmung der Wohnungseigentümerversammlung einzuholen, sofern es sich nicht um dringende Angelegenheiten oder Geschäfte der laufenden Verwaltung handelt.

Die von den einzelnen Wohnungseigentümern zu entrichtenden Zahlungen sind gemäß der gesetzlichen Bestimmungen und der Gemeinschaftsordnung einzuziehen. Säumige Wohnungseigentümer hat er zu mahnen und notfalls die Zahlung gerichtlich beizutreiben.

Er hat die Versicherungen abzuschließen, welche in der Gemeinschaftsordnung vorgesehen sind.

Er hat den Hausmeister auszuwählen und mit diesem einen Dienstvertrag abzuschließen. Hierfür bedarf er wiederum im Innenverhältnis der Ermächtigung durch die Wohnungseigentümerversammlung.

Er hat darauf zu achten, dass die Hausordnung eingehalten wird, und die Eigentümer zu überwachen, dass diese die ihnen aufgrund der Gemeinschaftsordnung obliegenden Pflichten erfüllen. Notfalls hat er dies gerichtlich durchzusetzen.

Soweit notwendig, hat er bei Vermietung und Verpachtung von gemeinschaftlichen Eigentum für und gegen die Wohnungseigentümer Mietverträge abzuschließen. Hierfür bedarf er im Innenverhältnis der Ermächtigung der Wohnungseigentümerversammlung.

Abschließend hat er sämtliche Buchführungsarbeiten für die Eigentümergemeinschaft durchzuführen.

§ 4 Vergütung

Die Vergütung des Verwalters beträgt monatlich EUR 15,– zuzüglich MwSt. pro Wohneinheit. Die Vergütung ist monatlich jeweils im Voraus zum Monatsersten zur Zahlung fällig. Die Vergütung darf der Verwalter jeweils dem laufenden Konto der Wohnungseigentümergemeinschaft entnehmen.

Vertragsmuster

Die im Verlauf einer normalen Verwaltertätigkeit anfallenden Auslagen, wie z. B. Telefonkosten und Porto, sind mit der Vergütung des Verwalters abgegolten.

Mit dieser Vergütung ist ferner die Teilnahme an der jährlichen Wohnungseigentümerversammlung abgegolten. Für jede weitere Wohnungseigentümerversammlung erhält der Verwalter zusätzlich eine Entschädigung in Höhe von EUR 100,–. Die Miete für den Versammlungsraum tragen die Wohnungseigentümer.

Sofern die Wohnungseigentümer eine weitere Rechnungslegung gemäß § 28 Abs. 4 WEG verlangen, kann der Verwalter die für diese Rechnungslegung zusätzlich entstandenen Kosten von den Wohnungseigentümern verlangen. Es sei denn, dass der Verwalter die Notwendigkeit für die zusätzliche Rechnungslegung selbst gesetzt hat. In der Verwaltervergütung sind Gewinne und Kosten für weiteres in der Hausanlage beschäftigtes Personal nicht enthalten.

Das Hausgeldkonto sowie das Konto für die Instandsetzungsrücklagen hat der Verwalter außerhalb seines Vermögens und getrennt vom Vermögen der Eigentümergemeinschaft auf einem hierfür eingerichteten Fremdgeldkonto zu führen. Für die Eröffnung dieses Kontos erteilen die Wohnungseigentümer dem Verwalter hiermit Vollmacht. Die Kontobezeichnung hat zu lauten: „Hausgeldkonto (Bank, BLZ, Kontonummer) der Wohnungseigentümergemeinschaft Seelenburg, vertreten durch den Hausverwalter Wohnungsbau".

§ 5 Einsichtnahme

Der einzelne Wohnungseigentümer hat das Recht, außerhalb der jährlichen Abrechnung Einsicht in die Unterlagen des Verwalters zu nehmen. Diese Unterlagen dürfen jedoch nur im Büro des Verwalters zu einem mit dem Verwalter vereinbarten Zeitpunkt eingesehen werden.

§ 6 Der Wohnungseigentümer

Jeder einzelne Wohnungseigentümer hat die Aufgabe, die von ihm bemerkten Mängel und Schäden am Gemeinschaftseigentum unverzüglich dem Verwalter zu melden. Darüber hinaus hat der Verwalter das Recht,

Verwaltung und Verwaltungsbeirat

alle drei Jahre nach Absprache mit den Wohnungseigentümern den Zustand der jeweiligen Wohnung hinsichtlich Instandhaltungs- und Instandsetzungsarbeiten zu überprüfen. Wenn ein Wohnungseigentümer sein Sonder- oder Teileigentum veräußert, hat dieser die Pflicht, seinen Nachfolger zum Eintritt in diesen Verwaltervertrag zu verpflichten. Darüber hinaus hat der Wohnungseigentümer die Veräußerung der Wohnung dem Verwalter unverzüglich anzuzeigen.

§ 7 Sonstige Bestimmungen

Zur Erfüllung seiner Aufgaben kann der Verwalter einem Dritten Untervollmacht erteilen. Hierdurch wird jedoch seine Verantwortung nicht gemindert. Von den Beschränkungen des § 181 BGB ist der Verwalter befreit.

Zum Nachweis seine Verwaltungsmacht kann der Verwalter von den Wohnungseigentümern jederzeit die Aushändigung einer Vollmacht verlangen. Sofern der Verwalter dies fordert, sind die Unterschriften dieser Vollmacht oder die Vollmacht selbst notariell zu beglaubigen. Die durch die notarielle Beglaubigung anfallenden Kosten tragen die Wohnungseigentümer.

Ort, Datum

Unterschriften

4. Verwaltungsbeirat

Der Verwaltungsbeirat ist von § 29 WEG nicht zwingend vorgeschrieben, aber er ist neben der Eigentümerversammlung das fakultative Organ, welches Ihre Interessen als Wohnungseigentümer gegenüber der Hausverwaltung vertritt. Die wichtigste Aufgabe des Verwaltungsbeirats ist die Kontrolle des Wirtschaftsplans und der Jahresabrechnung des Verwalters. Der Verwaltungsbeirat ist die ständige Vertretung der Eigentümerversammlung gegenüber dem Verwalter und vermittelt zwischen dem Verwalter und der Wohnungseigentümergemeinschaft (KG, WE 1992, 412).

Verwaltungsbeirat

Wichtig: Eine weitere Möglichkeit, die professionelle Verwaltung der Wohnanlage zu sichern, besteht vor allem bei größeren Wohnanlagen darin, dass ein Verwaltungsbeirat gewählt wird. Hierbei stellt sich für Sie vor allem die Frage, wer über die nötige Kompetenz verfügt, um optimaler Weise in den Verwaltungsbeirat gewählt zu werden.

Der Verwaltungsbeirat ist der dritte Mitwirkende an der Verwaltung des gemeinschaftlichen Eigentums.

Hauptorgane der Verwaltung sind an erster Stelle die Eigentümerversammlung und an zweiter Stelle der Verwalter. Vom Wohnungseigentümergesetz ist der Verwaltungsbeirat nicht zwingend vorgeschrieben.

Drei Möglichkeiten einer Regelung

Bezüglich des Verwaltungsbeirats gibt es drei Möglichkeiten einer Regelung:

- Die Teilungserklärung oder die Gemeinschaftsordnung regelt, dass ein Verwaltungsbeirat bestellt werden soll.

- Die Teilungserklärung oder die Gemeinschaftsordnung schließen die Bestellung eines Verwaltungsbeirats grundsätzlich aus.

- Die Teilungserklärung und die Gemeinschaftsordnung enthalten keine Regelungen über den Verwaltungsbeirat.

Im letzteren, wohl häufigsten Fall steht es Ihnen frei, ob Sie einen Verwaltungsbeirat wählen wollen. Für den Fall, dass sich die Eigentümerversammlung dazu entschließt, einen Verwaltungsbeirat zu wählen, genügt die einfache Mehrheit der Eigentümerversammlung.

Verwaltung und Verwaltungsbeirat

5. Aufgaben des Verwaltungsbeirats

Gemäß des Wohnungseigentumsgesetzes hat der Verwaltungsbeirat folgende Pflichten bzw. Aufgaben zu erfüllen:

Unterstützung des Verwalters

„Der Verwaltungsbeirat unterstützt den Verwalter bei der Durchführung seiner Aufgaben", besagt § 29 Abs. 2 WEG. Zu diesen Aufgaben gehört die Überwachung der Einhaltung der Hausordnung sowie vor allem die Vorbereitung der Eigentümerversammlung.

Kontrolle der Kosten

Zu den weiteren Aufgaben des Verwaltungsbeirats gehört die Prüfung des Wirtschaftsplans, der Verwalterabrechnung, der Rechnungslegungen und der Kostenvorschläge. Der Verwaltungsbeirat teilt Ihnen und den restlichen Wohnungseigentümern das Ergebnis der Prüfung in der Regel in der Eigentümerversammlung mit. Sollte das Prüfungsergebnis bereits bei der Einberufung zur Eigentümerversammlung schriftlich vorliegen, können Sie als Eigentümer vom Verwalter verlangen, dass er diese Stellungnahme des Verwaltungsbeirats dem Einladungsschreiben anfügt.

> **Profi-Tipp:**
>
> Es muss darauf geachtet werden, dass eindeutige Regelungen darüber getroffen werden, in welchem Umfang eine solche Prüfung bzw. eine Prüfung von Kostenvoranschlägen sinnvoll ist.

Ein unnötiger und aufgeblähter Verwaltungsaufwand hat für die Eigentümer nachteilige Folgen, denn es treten dadurch Zeitverzögerungen ein, die eine sinnvolle und zügige Verwaltung gefährden können.

Aufgaben des Verwaltungsbeirats

Wichtig: Wenn die Stellungnahme des Verwaltungsbeirats nicht bereits schriftlich vor der Einberufung der Eigentümerversammlung vorliegt, kann diese Stellungnahme auch mündlich erfolgen. Der einzige Zeitpunkt hierfür ist die Eigentümerversammlung.

Einberufung der Eigentümerversammlung

Der Vorsitzende des Verwaltungsbeirats sowie seine Stellvertreter haben das Recht zur Einberufung der Eigentümerversammlung. Dieses Recht kann aber nur in engen gesetzlichen Grenzen ausgeübt werden, z. B. wenn ein Verwalter fehlt, oder sich der Verwalter pflichtwidrig weigert, die Eigentümerversammlung einzuberufen. Vorteil dieser Regelung ist es, dass in solchen Fällen nicht erst das Gericht bemüht werden muss, einen Notverwalter zu bestellen. Dadurch wird die Handlungsfähigkeit der Eigentümergemeinschaft sichergestellt.

Die Einberufung der Eigentümerversammlung muss der Verwaltungsbeirat nicht gemeinsam vornehmen, dieses Recht steht dem Vorsitzenden und seinem Stellvertreter je für seine Person alleine zu. So kann z. B. der Stellvertreter im Vorsitz in eigener Verantwortung die Versammlung selbst dann einberufen, wenn ihm bekannt ist, dass der Vorsitzende des Verwaltungsbeirats keinen Handlungsbedarf sieht und die Eigentümergemeinschaft nicht einberufen wollte.

Falls ein Verwalter fehlt, gebietet schon der Grundsatz der ordnungsgemäßen Verwaltung, dass der Verwaltungsbeirat die Eigentümerversammlung einberufen kann, weil ein neuer Verwalter zu bestellen ist.

Achtung: Sollte sich der Verwalter pflichtwidrig weigern, die Eigentümerversammlung einzuberufen, muss die Beschlussfassung über einen bestimmten Gegenstand zur Zeit geboten und nicht aufschiebbar sein. Nur unter diesen Bedingungen liegt der Aspekt der Pflichtwidrigkeit des Verwalters vor. In der Praxis weigert sich der Verwalter meist dann, wenn sein Verwalteramt bzw. seine ordnungsgemäße Wahrnehmung der Verwaltung Gegenstand der Eigentümerversammlung sein soll.

Verwaltung und Verwaltungsbeirat

Rechtsprechung zur Weigerung des Verwalters

Das OLG Hamm hat in einem Beschluss vom 04.07.1980 entschieden, dass eine Verweigerung der Einberufung durch den Verwalter nur dann möglich ist, wenn dieser ausdrücklich zur Einberufung aufgefordert worden ist und er dieser Aufforderung willentlich nicht nachkommt. Dies ist gegeben, wenn ein wirksames Minderheitsverlangen gemäß § 24 Abs. 2 WEG gestellt worden ist und der Verwalter es nicht für nötig erachtet, die Eigentümerversammlung rasch einzuberufen. In diesem Fall verweigert der Verwalter die Einberufung der Eigentümerversammlung, welche er durch das wirksam gestellte Minderheitsverlangen schuldet. Für diese Fälle hat das BayObLG in einem Beschluss vom 29.11.1990 dem Verwalter einen doch beachtlichen Ermessensspielraum zugebilligt. Denn der Vorsitzende des Verwaltungsbeirats ist nicht schon deshalb zur Einberufung der Versammlung berechtigt, weil der Verwalter die Eigentümerversammlung erst für Januar des kommenden Jahres einberufen will und die Wohnungseigentümer die Versammlung schon im Dezember des laufenden Jahres durchführen wollen.

Achtung: Die Einberufung durch den Verwaltungsbeirat kann unwirksam sein, wenn keine der beiden gesetzlichen Rechtmäßigkeitsvoraussetzungen erfüllt ist. Eine solche unwirksame Einberufungserklärung hat zur Folge, dass die zur Versammlung zusammengetretenen Wohnungseigentümer nicht befugt sind, den verbindlichen Gemeinschaftswillen zu bilden. Es fehlt ihnen in einem solchen Fall die Entscheidungszuständigkeit. Die gefassten Beschlüsse kommen daher rechtswidrig zustande. Sie sind deshalb aber nicht unwirksam, sie können jedoch wirksam angefochten werden (vgl. BayObLG, ZWE 2002, 361).

Das Recht zur selbstständigen Ankündigung von Beschlussgegenständen

Da dem Vorsitzenden des Verwaltungsbeirats und seinen Stellvertretern schon ein Einberufungsrecht zusteht, ist es recht und billig, wenn diese auch bei einer bereits einberufenen Versammlung das

Aufgaben des Verwaltungsbeirats

Recht haben, selbstständig Beschlussgegenstände anzukündigen. Dieses Recht unterliegt aber den gleichen Beschränkungen wie das Recht eine Eigentümerversammlung einzuberufen. Der Verwaltungsbeirat kann also solche Beschlussgegenstände auf die Tagesordnung setzen, die vom Verwalter pflichtwidrig abgelehnt wurden. Dies kann dann erfüllt sein, wenn der Verwalter ein wirksam gestelltes Minderheitsverlangen nicht erfüllt hat, welches die Ergänzung der Tagesordnung zu bestimmten Beschlussthemen zum Gegenstand hatte. Das Recht auf eine selbstständige Ankündigung ist auch dann gegeben, wenn eine Beschlussfassung gemäß dem Grundsatz der ordnungsgemäßen Verwaltung geboten ist und der Verwalter die Aufnahme eines entsprechenden Entschlussgegenstands in die Tagesordnung einer einberufenen Versammlung pflichtwidrig verweigert hat.

Wichtig: In beiden Fällen ist die Mitwirkung des Verwalters zur Ergänzung der Tagesordnung nicht notwendig. Es genügt, dass der Verwaltungsbeirat zu der von dem Verwalter angekündigten Tagesordnung den zusätzlich gewollten Entscheidungsgegenstand den Wohnungseigentümern mitteilt.

Versammlungsprotokoll

Für die Unterzeichnung des Protokolls über die Eigentümerversammlung ist der Vorsitzende des Verwaltungsbeirats bzw. sein Stellvertreter zuständig.

Sonderaufgaben

In der Praxis stellen die durch das Wohnungseigentumsgesetz vorgesehenen Pflichten des Verwaltungsbeirats nur einen Teil der Tätigkeiten der Verwaltungsbeiräte dar. Grund für die straffe gesetzliche Regelung ist, dass die Wohnungseigentümer einen möglichst breiten Entscheidungsspielraum haben sollen. Häufig wird die Kassenprüfung bzw. die Prüfung des Rechnungswesens des Verwalters einem Wohnungseigentümer übertragen, damit mit dieser Aufgabe nicht der gesamte Verwaltungsbeirat belastet wird.

Verwaltung und Verwaltungsbeirat

In diesem Zusammenhang sollte darauf geachtet werden, dass nur solche Wohnungseigentümer für Sonderaufgaben ausgewählt werden, die auch die nötige Kompetenz und Ausbildung für solche Aufgaben haben. Nur dann können sie die ihnen übertragenen Aufgaben ordnungsgemäß und sinnvoll erfüllen.

6. Zusätzliche Aufgaben des Verwaltungsbeirats

Weitere nicht gesetzlich geregelte Aufgaben des Verwaltungsbeirats können die Abnahme von vorgenommenen Bauarbeiten, die Auftragserteilung für Modernisierungsarbeiten, oder Abschluss und Kündigung des Verwaltervertrags sein. In besonders großen Wohnanlagen kann es sinnvoll sein, dass der Verwaltungsbeirat seinerseits zusätzliche Gremien bildet. So kann beispielsweise ein „Bauausschuss" gebildet werden, um die Vorbereitungen für eine umfangreiche Instandsetzung durchzuführen.

Das Hauptorgan der Verwaltung ist und bleibt die Eigentümerversammlung. Daher darf der Verwaltungsbeirat bei Aufgaben, die in die Kernzuständigkeit der Eigentümerversammlung fallen, nicht tätig werden.

Hierzu gehören im Speziellen folgende Aufgaben:

- die Bestellung des Verwalters

- die Genehmigung der Jahresabrechnung des Verwalters

- die Entlastung des Verwalters

Achtung: Der Verwaltungsbeirat darf mit seiner „den Verwalter unterstützenden" Tätigkeit immer nur im Innenverhältnis der Wohnungseigentümergemeinschaft tätig werden. Auf keinen Fall ist der Verwaltungsbeirat berechtigt, die Eigentümergemeinschaft gegenüber Dritten oder gegenüber dem Verwalter nach außen hin bzw. gerichtlich zu vertreten. Wenn dem Verwaltungsbeirat ein solches Recht eingeräumt werden soll, muss dies in der Teilungserklärung oder in der Gemeinschaftsordnung geregelt sein. Die Eigentümerversammlung ist gehalten, einen entsprechenden Beschluss einstimmig zu fassen.

7. Der Beirat macht den Verwalter nicht überflüssig

Der Verwalter und der Verwaltungsbeirat arbeiten grundsätzlich zum Wohl der Eigentümergemeinschaft. Dies macht es notwendig, dass sie in einer partnerschaftlichen Weise zusammenarbeiten. Es ist weder im Gesetz vorgesehen, noch sinnvoll, dass der Verwaltungsbeirat als Ersatz für den Verwalter betrachtet wird. Das wichtigste Organ für die Eigentümergemeinschaft ist die Eigentümerversammlung. Hier werden alle Beschlüsse gefasst. Diesen Beschlüssen kann weder der Verwaltungsbeirat noch der Verwalter vorgreifen.

Wird ein Verwalter neu bestellt, nimmt der Verwaltungsbeirat in der Regel eine Vorauswahl vor. Der Verwaltungsbeirat legt dann der Eigentümerversammlung entsprechende Vorschläge vor. Hierbei müssen Sie aber immer beachten und bedenken, dass die Bestellung des Verwalters nur der Eigentümerversammlung obliegt. Nur sie kann den Verwalter durch Mehrheitsbeschluss bestellen. Insofern sind Sie nicht an Vorschläge des Verwaltungsbeirats gebunden. Es ist aber zu beachten, dass der Abschluss des Verwaltungsvertrags zwischen der Eigentümergemeinschaft und dem Verwalter auf den Verwaltungsbeirat übertragen werden kann. Dies ist nur mit einem entsprechenden Mehrheitsbeschluss der Eigentümerversammlung möglich.

8. Wann ist ein Verwaltungsbeirat sinnvoll?

Die Institution eines Verwaltungsbeirats ist in vielen Wohnanlagen gänzlich unbekannt. Dies ist vor allem in kleineren und kleinsten Wohnungseigentumsanlagen der Fall. Denn in ihnen ist es den

Verwaltung und Verwaltungsbeirat

Eigentümern leicht möglich, den Überblick über die wichtigen Dinge zu behalten. Dies sind vor allem die Tätigkeiten des Verwalters, die finanziellen Verhältnisse der Gemeinschaft, die Probleme der Instandhaltung und Instandsetzung des Gemeinschaftseigentums.

Für größere Anlagen ist es empfehlenswert, einen Verwaltungsbeirat zu bestellen. Dennoch sollten sich die Eigentümer davor hüten, dem Verwaltungsbeirat Pflichten und Rechte einzuräumen, die dem Beirat nach dem Wohnungseigentümergesetz nicht zufallen. Der Verwaltungsbeirat ist lediglich eine Institution, die von den Eigentümern dazu delegiert ist, den Wirtschaftsplan und die Jahresabrechnung zu überprüfen. Nicht jeder Eigentümer hat die Zeit und das Wissen das umfangreiche Zahlenwerk gründlich zu studieren und zu überprüfen. Somit ist es sinnvoll, dass ein kleiner Teil aus den Reihen der Eigentümer diese Aufgabe für den Rest der Eigentümer wahrnimmt.

9. Wie wird ein Verwaltungsbeirat bestellt?

Der Verwaltungsbeirat besteht gemäß § 29 Abs. 1 WEG aus einem Wohnungseigentümer als Vorsitzendem und zwei weiteren Wohnungseigentümern als Beisitzern. Die Beiratsmitglieder sollten kompetente und beruflich qualifizierte Personen sein. Somit ist es ratsam im Beirat einen Architekten, einen Juristen oder Betriebswirt zu haben.

Durch eine Vereinbarung (KG, ZMR 1989, 186) bzw. durch Teilungserklärung oder Gemeinschaftsordnung können selbstverständlich auch andere Regelungen getroffen werden. Es ist daher bei großen Eigentumsanlagen durchaus möglich vier, sechs, acht oder mehr Personen als Mitglieder des Verwaltungsbeirats zu bestellen. Dies empfiehlt sich bei großen Eigentümergemeinschaften oder bei Anlagen mit mehreren Häusern. Hierbei ist es angebracht, dass die Eigentümer eines jeden Gebäudes ein Beiratsmit-

Wie wird ein Verwaltungsbeirat bestellt?

glied stellen. Somit kann sichergestellt werden, dass der Verwaltungsbeirat die Interessen aller Wohnungseigentümer wahrnimmt und nicht nur die Interessen einzelner Wohnhäuser vertritt.

Achtung: Achten Sie darauf, dass die Mitglieder des Verwaltungsbeirats selbst in der Wohnanlage wohnen. Nur dann kann sichergestellt sein, dass der Verwaltungsbeirat die Probleme der Wohnungsanlage kennt und diese auch realistisch einschätzen kann. Auf diese Weise ist der Verwaltungsbeirat in der Lage, zum Wohle der Eigentümer zu handeln. Wenn die Anzahl der Beiräte verändert wird, ist darauf zu achten, dass – wie bei jedem Kollegialorgan – eine ungerade Mitgliederzahl vorliegt.

Kann ein Nichteigentümer in den Beirat gewählt werden?

Diese Frage ist selbst unter den Gerichten umstritten. So vertritt das BayObLG (WE 1992, 206) die Auffassung, dass ein Nichteigentümer nur durch Mehrheitsbeschluss zum Verwaltungsbeirat gewählt werden kann, wenn die Gemeinschaftsordnung dies vorsieht. Das OLG Düsseldorf (WE 1995, 279) hat demgegenüber entschieden, dass ein einstimmiger Beschluss erforderlich ist, um einen Nichteigentümer in den Verwaltungsbeirat zu wählen. Allerdings ist zu beachten, dass die Eigentümerversammlung nicht öffentlich ist und ein Nichteigentümer auch als Beirat kein Anwesenheitsrecht hat.

Als Ergebnis kann angesehen werden, dass es zur sinnvollen Arbeit des Verwaltungsbeirats notwendig ist, durch einstimmig gewählte Mitglieder vertreten zu sein. Es sollten daher keine Beiräte gewählt werden, die möglicherweise angefochten werden oder deren Wahl bereits in der Eigentümerversammlung umstritten ist.

Achtung: Der Verwalter kann unter keinen Umständen als Beirat bestimmt werden (OLG Zweibrücken, OLGZ 1983, 438). Wenn ein Nichteigentümer Beirat ist, hat er in der Eigentümerversammlung ein Anwesenheitsrecht in dem Umfang, in dem sein Aufgabenbereich betroffen ist (OLG Hamm, ZMR 2007, 133).

Verwaltung und Verwaltungsbeirat

Amtsdauer des Verwaltungsbeirats

Wie lang ein Verwaltungsbeirat sein Amt ausüben soll, bzw. die Dauer der Bestellung zum Beirat, ist im Gesetz nicht geregelt. Der Beirat ist grundsätzlich solange im Amt, bis eine Neuwahl erfolgt. Jedes einzelne Mitglied des Verwaltungsbeirats hat das Recht sein Amt niederzulegen. Hierbei ist es an keine Zeiten oder Fristen gebunden.

> **Profi-Tipp:**
> Die Eigentümerversammlung bestellt den Verwaltungsbeirat oder kann ihn abwählen. Insofern ist es eine absolut zwingende Voraussetzung, dass die Wahl oder Abwahl eines Verwaltungsbeirats als Tagesordnungspunkt in die Einladung zur Eigentümerversammlung aufgenommen wird, da ansonsten nicht wirksam über diesen Tagesordnungspunkt entschieden werden kann.

10. Wie erhalte ich Auskunft vom Verwaltungsbeirat?

Im Gegensatz zum Verwalter ist der Verwaltungsbeirat nicht verpflichtet, Ihnen als Eigentümer außerhalb der Eigentümerversammlung Auskunft zu erteilen. Der Verwaltungsbeirat ist grundsätzlich nur der Eigentümerversammlung, d. h. den Eigentümern als Gesamtheit, zur Auskunft über seine Tätigkeit verpflichtet (BayObLG, WE 1995, 192).

Einen Auskunftsanspruch können Sie als einzelner Eigentümer nur dann selbstständig einklagen, wenn Sie von den restlichen Wohnungseigentümern zu dieser Klage ermächtigt worden sind (KG, ZMR 997, 544). Für diese Ermächtigung bedarf es aber wiederum einer Eigentümerversammlung. Ein persönlicher Auskunftsanspruch ist ausgeschlossen. Eine Ausnahme hierzu könnte nur dann bestehen, wenn der Gegenstand Ihres Auskunftsbegehrens in der Eigentümerversammlung erörtert worden ist.

Vergütung der Verwaltungsbeiratstätigkeit

Die Verwaltungsbeiräte haben aber zu beachten, dass die im Rahmen ihrer Tätigkeit anfallenden Schriftstücke, wie Protokolle und Korrespondenzen, Eigentum der Wohnungseigentümergemeinschaft sind. Diese Gegenstände müssen also bei Beendigung der Beiratstätigkeit an die Gemeinschaft, d. h. an den Verwalter, herausgegeben werden.

11. Vergütung der Verwaltungsbeiratstätigkeit

Ob Verwaltungsbeiräte für ihre Tätigkeit entlohnt werden müssen oder einen Anspruch auf einen Aufwendungsersatz haben, ist im Gesetz nicht geregelt. Früher war die Beiratstätigkeit grundsätzlich ehrenamtlich, denn für den einzelnen Wohnungseigentümer war es eine Auszeichnung und Ehre, zum Verwaltungsbeirat gewählt zu werden. In den meisten Fällen hat sich bis heute nichts an dieser Einstellung geändert. Heutzutage ist aber mancherorts die Verwaltung des Wohnungseigentums komplizierter und vielschichtiger als es vor 20 oder 30 Jahren der Fall war. Für einen Beirat ist es heute fast unerlässlich, eine gewisse Fachkompetenz auf wirtschaftlichem, baulichem oder juristischem Gebiet zu besitzen. Somit haben sich für den Verwaltungsbeirat nicht nur die Aufgaben vergrößert, sondern auch in ihrer Qualität verändert. Welch qualitativ hochwertige Arbeit der Verwaltungsbeirat leistet, um den Interessen der Gemeinschaft gerecht zu werden, muss allgemein anerkannt werden.

Kostenerstattung

Insofern ist es nur recht und billig, wenn die Mitglieder des Verwaltungsbeirats einen Ersatz der anfallenden Kosten, wie Telefongebühren, Kopierkosten, Porto, Papier, Fahrten oder Reisen, die sie im Auftrag der Eigentümergemeinschaft unternehmen, erhalten. Die Verwaltungsbeiräte sollten jedoch dazu verpflichtet werden, die aufgewendeten Geldbeträge durch Belege nachzuweisen und mit dem Verwalter abzurechnen.

Verwaltung und Verwaltungsbeirat

Dem Verwaltungsbeirat könnte alternativ grundsätzlich durch die Eigentümerversammlung ein Budget für seine Zwecke eingeräumt werden. Dieses muss selbstverständlich auch wieder mit dem Verwalter abgerechnet werden. Je nach Sachlage empfiehlt es sich, dass der Verwaltungsbeirat mit entsprechender Fachliteratur ausgestattet wird und die Mitglieder des Verwaltungsbeirats an gewissen Seminaren teilnehmen. Diese Kosten sind selbstverständlich wieder Verwaltungskosten. Über diesen Kostenersatz hinaus kann den Verwaltungsbeiratsmitgliedern auch der Arbeits- und Zeitaufwand vergütet werden. Hierbei kommt es wiederum auf die konkreten Umstände des Einzelfalls an, die jede Eigentümergemeinschaft unterschiedlich handhaben kann.

Beiratsvergütung nur auf Beschluss

Wichtig: Es müssen stets deutliche Mehrheitsbeschlüsse von der Eigentümerversammlung gefasst werden, wie und in welcher Höhe die Beiratsmitglieder vergütet werden sollen. Ein solcher Beschluss kann von der Eigentümerversammlung bereits bei der Bestellung des Verwaltungsbeirats gefasst werden, oder erst später, wenn sich die Notwendigkeit für solche Vergütungen ergibt.

12. Haftung

Regressansprüche gegen Beiratsmitglieder sind bis dato in deutschen Gerichtssälen kein Thema. Aber mit dem immer größer werdenden Verwaltungsaufwand, den komplizierteren und komplexeren Sachverhalten und den wachsenden Aufgaben der Verwaltungsbeiräte werden in Zukunft zwangsläufig unaufhörlich mehr Fehlerquellen auftreten, die ursächlich für eine Haftung sein können.

Haftung des einzelnen Mitglieds

Hierbei gilt grundsätzlich, dass der Verwaltungsbeirat nicht als Gesamtheit haften kann. Vielmehr wird jedes einzelne Mitglied des

Haftung

Verwaltungsbeirats in Regress genommen, gegebenenfalls in gesamtschuldnerischer Haftung. Jedes einzelne Mitglied des Verwaltungsbeirats muss für jedes andere Mitglied des Beirats einstehen. Grundsätzlich haftet der Beirat gemäß § 280 BGB für jede Fahrlässigkeit. Der Haftungsumfang der Verwaltungsbeiratsmitglieder kann sich danach bemessen, ob die Verwaltungsbeiräte für ihre Tätigkeit entlohnt werden oder nicht. Bei ehrenamtlicher Tätigkeit müssen die Verwaltungsbeiräte bei ihrer Arbeit die Sorgfalt eines ordentlichen Beiratsmitglieds aufwenden. Bei einer vergüteten Beiratstätigkeit bemisst sich ihre Sorgfaltspflicht nach der Sorgfalt eines Kaufmanns.

Achtung: Von den Verwaltungsbeiräten, die unentgeltlich tätig werden, können Sie nur die Sorgfalt verlangen, die man von einem ehrenamtlichen Mitglied erwarten kann. Sie haften grundsätzlich auch für leichte Fahrlässigkeit. So können Sie beispielsweise für die Sorgfalt eines Buchprüfers auch dann nicht mehr erwarten, wenn das Beiratsmitglied eine entsprechende Fachausbildung hat.

Entgelt steigert die Anforderungen

Erfolgt die Tätigkeit der Beiräte dagegen entgeltlich, so steigen auch die Anforderungen an sie. So hat der Beirat dann die Sorgfalt eines ordentlichen und gewissenhaften Kaufmanns anzuwenden. Diese Auffassung vertritt zumindest das OLG Zweibrücken in WE 1987, 163 oder BayObLG, WM 1991, 444. So haftet z. B. der Beirat den Eigentümern gegenüber bei schuldhafter Pflichtverletzung seiner Beiratspflichten auf Schadensersatz. Das heißt der Beirat haftet für Vorsatz und Fahrlässigkeit (vgl. Bärmann/Pick/Merle, Wohnungseigentumsgesetz, 8. Auflage, München 2000 § 29 Rn. 104 ff.).

Haftungsbeschränkung

Sollte Ihnen als Eigentümer die Ehre zuteil werden, Beiratsmitglied zu werden, empfiehlt es sich für Sie, Ihre Haftung auf Vorsatz und grobe Fahrlässigkeit zu beschränken (vgl. OLG Frankfurt/M.

Verwaltung und Verwaltungsbeirat

OLGZ 1988, 188; Bärmann/Pick/Merle, Wohnungseigentumsgesetz, 8. Auflage, München 2000 § 29 Rn. 107). Eine Haftungsbeschränkung kann aber nur durch die Gemeinschaftsordnung oder eine Vereinbarung erfolgen. Ein Mehrheitsbeschluss reicht hierfür nicht aus. Grobe Fahrlässigkeit liegt vor, wenn die im Verkehr erforderliche Sorgfalt in besonders schwerem Maße verletzt wird. Dies bemisst sich immer daran, wie ein objektiver Verwaltungsbeirat in einer ähnlichen Situation gehandelt hätte. Im Hinblick auf BGH, NJW 2000, 3500 ist grundsätzlich eine Handlungsbeschränkung zu vereinbaren.

> **Profi-Tipp:**
>
> Bestehen Sie in der Eigentümerversammlung darauf, dass eine entsprechende Vereinbarung zur Haftungsbegrenzung gefasst wird. Falls eine solche Vereinbarung nicht zustande kommt, sollten Sie von einer Beiratstätigkeit Abstand nehmen. Eine nachträgliche Haftungsbefreiung, nach dem Schadensfall, durch die Eigentümergemeinschaft ist bedenklich, da dies den Grundsätzen einer ordnungsgemäßen Verwaltung gemäß § 21 Abs. 4 WEG widerspricht.

Achten Sie darauf, dass dem Verwaltungsbeirat auf Verlangen Entlastung erteilt werden kann, wenn die Voraussetzungen dafür vorliegen. Ein spezieller Anspruch auf Entlastung besteht für den Beirat nicht. Auch in diesem Fall sollten Sie auf einen deutlichen Mehrheitsbeschluss der Eigentümerversammlung drängen. Nur dann können Sie ohne großes Risiko Ihre Verwalterbeiratstätigkeit ausüben und sind vor überzogenen Regressansprüchen sicher.

Ferner ist es ratsam, wenn eine Haftpflichtversicherung für den Beirat abgeschlossen wird und die Kosten hierfür vom Verband übernommen werden (KG, ZMR 2004, 780; a. A. Köhler, ZMR 2002, 892).

Die Jahresabrechnung

5

1. Auf welche Details müssen Sie achten? 106

2. Die Formvorschriften einer Jahresabrechnung 108

3. Welche Betriebskosten sind umlagefähig? 110

4. Vom richtigen Zeitpunkt der Zahlung: Die Abrechnungsperiode 112

5. Die Einnahmen 113

6. Wie sich Ihr Kostenanteil berechnet .. 114

7. Wann sind Nachzahlungen fällig? 115

8. Wie Sie Ihre eigenen Interessen wahren 117

9. Üben Sie Ihr Kontrollrecht aus! 118

Die Jahresabrechnung

1. Auf welche Details müssen Sie achten?

Das Herzstück der Eigentümerversammlung ist die Jahresabrechnung. Um entsprechende Anträge stellen bzw. nachfragen zu können ist es unerlässlich zu wissen, auf welche Details Sie bei der Jahresabrechnung achten müssen. Innerhalb der Eigentümerversammlung führt die Jahresabrechnung immer wieder zu Meinungsverschiedenheiten zwischen den Wohnungseigentümern und dem Verwalter. Aber auch die Wohnungseigentümer untereinander sind sich mit der Bewertung der Jahresabrechnung nicht immer einig. Die Schwierigkeit steckt häufig im Detail, z. B.:

- Welche Einnahmen und Ausgaben müssen in der Jahresabrechnung berücksichtigt werden?
- Wie wirkt sich ein Verwalter- oder Eigentümerwechsel auf die Jahresabrechnung aus?
- Wie verschaffen Sie sich Einblick in die Abrechnungsunterlagen?

Profi-Tipp:

Haben Sie Ihre Eigentumswohnung vermietet, ist für Sie die Jahresabrechnung des Verwalters doppelt wichtig, denn Sie brauchen diese Abrechnung als Grundlage für Ihre eigene Betriebskostenabrechnung mit dem Mieter. Darüber hinaus benötigen Sie die Jahresabrechnung des Verwalters auch bei Ihrer Steuererklärung für die Ermittlung der Einkünfte aus Vermietung und Verpachtung.

Auf welche Details müssen Sie achten?

Einmal im Jahr muss der Verwalter gemäß § 28 Abs. 3 WEG abrechnen und darlegen, welche Einnahmen und Ausgaben in der Wohnanlage angefallen sind. Dies ist eine der Hauptaufgaben des Verwalters. Regelmäßig ist hierbei der Abrechnungszeitraum das Kalenderjahr. Es sei denn, in der Teilungserklärung ist eine abweichende Abrechnungsperiode vereinbart worden. Möglicherweise besteht die Vereinbarung, dass der Abrechnungszeitraum vom 01.07. eines Jahres bis zum 30.06. des Folgejahres reicht. Wenn jedoch eine solche Regelung nicht in der Teilungserklärung getroffen wurde, gilt das Gesetz und damit das Kalenderjahr als Abrechnungszeitraum. Die Jahresabrechnung hat der Verwalter nach dem Ablauf des Wirtschaftsjahres zu erstellen, ohne dass er hierzu besonders aufgefordert wird.

Fristen

Das Gesetz schreibt aber keine Frist vor, innerhalb welcher der Verwalter die Abrechnung vorlegen muss. Welche Frist jedoch im Einzelfall angemessen ist, hängt wesentlich von der Größe der Wohnanlage ab. Allerdings sollte die Jahresabrechnung in der Regel zwei bis drei Monate nach dem Ablauf des Wirtschaftsjahres vorliegen. Spätestens nach sechs Monaten (BayObLG, ZWE 2000, 38, 39).

Profi-Tipp:

Treffen Sie im Verwaltervertrag eine klare Regelung darüber, wann die Jahresabrechnung erstellt werden muss. Damit können Sie Meinungsverschiedenheiten zu diesem Thema unterbinden. Der Verwalter kann durch den Verwaltungsvertrag beispielsweise dazu verpflichtet werden, spätestens zwei Monate nach Ablauf des Wirtschaftsjahres die Abrechnung vorzulegen. Für eine größere Wohnanlage könnte man vorsehen, dass der Verwalter die Jahresabrechnung vier Monate nach Ablauf des Wirtschaftsjahres vorzulegen hat.

Die Jahresabrechnung

2. Die Formvorschriften einer Jahresabrechnung

Die tatsächlichen Einnahmen und Ausgaben müssen in der Jahresabrechnung gegenübergestellt werden. Hierfür ist dem Verwalter keine besondere Form vorgeschrieben. Es gelten jedoch die gleichen Grundsätze wie für die Heiz- und Betriebskostenabrechnung, zu der Sie als Vermieter Ihrem Mieter gegenüber verpflichtet sind. Somit hat für die Jahresabrechnung Folgendes zu gelten:

- Die Jahresabrechnung muss eine geordnete, übersichtliche, inhaltlich zutreffende Aufstellung der Einnahmen und Ausgaben des jeweiligen Kalender- bzw. Wirtschaftsjahres enthalten.

- Die Jahresabrechnung muss für jedermann ohne Hinzuziehung eines Buchhalters oder sonstiger Fachkundiger inhaltlich rechnerisch nachvollziehbar sein.

- Nur die tatsächlich zugeflossenen Einnahmen und die tatsächlich abgeflossenen Ausgaben dürfen in der Jahresabrechnung berücksichtigt werden. Sollbeträge, z. B. nicht eingetriebene Forderungen, bleiben grundsätzlich unberücksichtigt.

Wichtige Gerichtsentscheidungen

Das BayObLG erweitert diese Liste um die folgenden Positionen:
- Ausgaben, die das Sondereigentum einzelner oder aller Wohnungseigentümer betreffen.
- Kosten für Gerichtsverfahren in Wohnungseigentumssachen.

Dies begründet das BayObLG damit, dass der Verwalter Geld für Angelegenheiten ausgegeben hat, die nicht die Verwaltung des gemeinschaftlichen Eigentums betreffen, deren Beträge aber in der Jahresabrechnung auch erscheinen müssen, damit das Rechenwerk stimmig ist. Außerdem wird dem Eigentümer dadurch die Möglichkeit gegeben, im Rahmen des Beschlusses über die Entlastung des Verwalters zu entscheiden, ob er diese Ausgaben billigen oder vom Verwalter zurückverlangen will. Eine solche Entscheidung wäre unter Umständen unmöglich, wenn derartige Ausgaben in der Jahresabrechnung nicht aufgeführt wären (vgl. BayObLG, WE 1991, 164; WE 1995, 162; WE 1996, 237).

Die Formvorschriften einer Jahresabrechnung

Achtung: Die beiden letztgenannten Positionen, die vom BayObLG gefordert sind, müssen in der Jahresabrechnung erscheinen, werden jedoch nicht notwendigerweise von der Wohnungseigentümergemeinschaft insgesamt getragen. Vielmehr werden solche Kosten in den Einzelabrechnungen auf den Wohnungseigentümer umgelegt, für dessen Sondereigentum sie aufgewandt wurden.

Checkliste: Die Pflichtangaben in einer Jahresabrechnung

Mindestangaben

- Zusammenstellung der Gesamtkosten
- Angaben und Erläuterung der zugrunde gelegten Verteilerschlüssel
- Berechnung des Anteils des jeweiligen Wohnungseigentümers
- Abzug der Vorauszahlungen des jeweiligen Eigentümers

Rücklagen

- Höhe der gebildeten Rücklagen, insbesondere der Instandhaltungsrücklagen
- Zinseinkünfte aus dem Kapitalvermögen der Eigentümergemeinschaft

Einnahmen

- sonstige Einnahmen, wie z. B. Einnahmen aus Waschautomaten oder Mieteinnahmen aus vermieteten Gemeinschaftsräumen oder Versicherungsleistungen aus Schadensfällen
- Höhe der Hausgeldrückstände, die von säumigen Eigentümern zu fordern sind

Verbindlichkeiten

- Verbindlichkeiten der Eigentümergemeinschaft gegenüber Dritten

Die Jahresabrechnung

> **Profi-Tipp:**
>
> - Wenn Sie die Eigentumswohnung vermieten, ist es für Sie als Vermieter sinnvoll, in der Jahresabrechnung zusätzlich zwischen umlage- und nicht umlagefähigen Kosten zu unterscheiden. Dies ist zwar nicht zwingend erforderlich, aber es erleichtert Ihnen die Abrechnung mit Ihrem Mieter.
>
> - Von Vorteil ist es, wenn die Jahresabrechnung darüber hinaus einen Soll-/Istvergleich zwischen den im Wirtschaftsplan eingestellten Beträgen und den tatsächlichen Einnahmen und Ausgaben enthält. Dies ist eine Serviceleistung, die Ihnen der Verwalter anbieten kann und auf die Sie in der Regel nicht verzichten brauchen. Ein solcher Vergleich ermöglicht es Ihnen, die Kostenentwicklung leichter in den Griff zu bekommen.

3. Welche Betriebskosten sind umlagefähig?

Auf Ihren Mieter können Sie nur die Betriebskosten abwälzen, die in der Betriebskostenverordnung aufgeführt sind.

Im Überblick: Umlagefähige Betriebskosten

- Laufende öffentliche Lasten des Grundstücks, z. B. die Grundsteuer
- Kosten der Wasserversorgung
- Kosten der Entwässerung
- Kosten der Heizung bzw. der Fernwärme, einschließlich der Abgasanlage, sowie die Reinigung und Wartung von Etagenheizungen
- Kosten der zentralen Warmwasserversorgung, Fernwarmwasserversorgung sowie Reinigung und Wartung von Warmwassergeräten

Welche Betriebskosten sind umlagefähig?

noch: Im Überblick: Umlagefähige Betriebskosten

- Kosten verbundener Heizungs- und Warmwasserversorgungsanlagen
- Kosten des Betriebs des maschinellen Personen- oder Lastenaufzugs
- Kosten der Straßenreinigung und Müllabfuhr
- Kosten der Hausreinigung und Ungezieferbekämpfung
- Kosten der Gartenpflege, wie z. B. der Pflege von Spielplätzen, einschließlich der Erneuerung von Sand
- Kosten der Außenbeleuchtung sowie der Beleuchtung von gemeinsam benutzten Gebäudeteilen
- Kosten der Schornsteinreinigung
- Kosten der Sach- und Haftpflichtversicherung
- Kosten für den Hausmeister (sie umfassen Vergütung, Sozialbeiträge und alle geldwerten Leistungen, welche die Eigentümer dem Hausmeister gewähren, aber keine Instandhaltungs-, Instandsetzungs- oder Erneuerungsarbeiten und auch keine Schönheitsreparaturen oder die Hausverwaltungsarbeiten.)
- Kosten für den Betrieb der Gemeinschaftsantennenanlage oder den Betrieb der mit einem Breitbandkabelnetz verbundenen privaten Verteilanlage
- Kosten des Betriebs der maschinellen Wascheinrichtung
- Sonstige Betriebskosten (Betriebskosten von Nebengebäuden, Anlagen und Einrichtungen, z. B. einer Gemeinschaftssauna oder eines Gemeinschaftsschwimmbads)

Diese Ausgaben sind nicht umlagefähig

- Instandhaltungs- und Instandsetzungskosten
- Kapitalkosten, soweit es sich um gemeinschaftliches Eigentum handelt
- Verwaltungskosten bei der Vermietung von Wohnraum

Die Jahresabrechnung

Achtung: Wenn Sie eine Eigentumswohnung vermieten, können Sie die Verwaltungskosten auch dann nicht auf Ihren Mieter umlegen, wenn Sie die Verwaltungskosten unter „sonstige Betriebskosten" aufführen. Wenn im Mietvertrag jedoch Verwaltungskosten ausgewiesen sind, so handelt es sich nicht um echte Betriebskosten, sondern um einen Fixbetrag, der im Allgemeinen als Teil der Netto-Kaltmiete gewertet wird.

> **Profi-Tipp:**
>
> Wenn Sie Gewerberäume innerhalb einer Eigentumswohnanlage vermieten, können Sie die anteiligen Verwaltungsgebühren auf Ihren Mieter umlegen. Wichtige Voraussetzung hierfür ist eine klare und eindeutige Regelung im Mietvertrag.

4. Vom richtigen Zeitpunkt der Zahlung: Die Abrechnungsperiode

Der Verwalter muss in der Jahresabrechnung alle Kosten berücksichtigen, die während der Abrechnungsperiode entstanden sind. Hierzu gehören auch solche Ausgaben, die einen Zeitraum außerhalb der Abrechnungsperiode mit umfassen.

> **Beispiel:**
>
> Eine Versicherungsprämie wird jährlich zum 01.06. fällig. Die vom Verwalter im Juni 2007 geleisteten Prämien werden in voller Höhe in die Abrechnung für dieses Jahr eingestellt. Die Tatsache, dass das Versicherungsjahr jedoch in das Jahr 2008 hineinreicht, führt nicht dazu, dass die Prämie zeitanteilig gesplittet wird.

Die Einnahmen

Ähnliches gilt auch für die Heizkosten. Wenn z. B. im September 2009 die Öltanks im Keller der Wohnanlage neu betankt wurden und die Rechnung vom Verwalter im Oktober 2009 bezahlt wurde, gehört der Rechnungsbetrag in voller Höhe in die Abrechnung für das Jahr 2009. Dass mit dem Heizöl auch im Jahr 2010 geheizt wird, spielt hierbei keine Rolle.

Heizkostenverordnung

Die Heizkostenverordnung, die für die Wohnungseigentümer untereinander gilt, muss beachtet werden. Somit kommt man nicht umhin, auch in Wohnanlagen Heiz- und Warmwasserkosten verbrauchsabhängig abzurechnen. Hierfür ist es notwendig, das zum Stichtag verbrauchte Heizöl sowie die Kosten hierfür auf der Grundlage der Lieferrechnung zu ermitteln. Die Kosten des vorhandenen Öls werden als Rückstellungen ausgewiesen und die Kosten des verbrauchten Öls als Ausgaben erfasst.

5. Die Einnahmen

Den Ausgaben gegenüberzustellen sind die Einnahmen. Hierzu gehören insbesondere:

- Hausgeldzahlungen der Eigentümer
- Beiträge zur Instandhaltungsrückstellung
- Entnahmen aus der Instandhaltungsrückstellung
- vorhandenes Bargeld
- Wertpapierbestände
- Bankguthaben
- Zinserträge
- Einnahmen aus der Vermietung gemeinschaftlichen Eigentums

Die Jahresabrechnung

6. Wie sich Ihr Kostenanteil berechnet

Damit Ihre Jahresabrechnung korrekt ist, muss in der Abrechnung der ihr zugrunde gelegte Verteilungsschlüssel dargestellt sein. Es reicht nicht aus, jeweils nur einen bestimmten Prozentsatz oder Bruchteil anzugeben. Der Verwalter muss vielmehr offenlegen, wie er die jeweilige Quote ermittelt hat. Die exakte Darstellung des Verteilungsschlüssels ist zwingend erforderlich, da einzelne Kostenarten nach unterschiedlichen Maßstäben zu verteilen sind. Beispielsweise weichen die Verteilungsschlüssel für die allgemeinen Betriebskosten von denen für die Heiz- und Warmwasserkosten ab, da für diese nach der Heizkostenverordnung besondere Regeln gelten. Wenn die allgemeinen Betriebskosten, mit Ausnahme der Heiz- und Warmwasserkosten, nach dem Anteil der Wohnquadratmeter umgelegt werden, so muss nicht nur die auf die jeweilige Eigentumswohnung entfallende Fläche angegeben sein, sondern auch die gesamte Fläche der Wohnanlage mitgeteilt werden. Entsprechendes gilt für die Kostenaufteilung nach den Miteigentumsanteilen. Wenn der Verwalter die Berechnung nach Kopfzahl ausführt, muss er die Gesamtzahl der Bewohner angeben, die er der Abrechnung zugrunde gelegt hat.

> **Profi-Tipp:**
> - Sie sollten die Jahresabrechnung daraufhin überprüfen, ob sie die richtigen Verteilungsschlüssel nennt. Hierzu sehen Sie am besten in Ihren Unterlagen nach, welcher Verteilungsschlüssel für Sie relevant ist. Diesen finden Sie in der Teilungserklärung oder in den Protokollen der vergangenen Eigentümerversammlungen.
> - Die von Ihnen zu leistende Nachzahlung oder der von der Hausverwaltung zu erstattende Betrag errechnet sich aus den von Ihnen geleisteten Vorauszahlungen und den auf Sie entfallenden anteiligen Lasten und Kosten.

Wichtig: Sie sollten in der Eigentümerversammlung unbedingt darauf drängen, dass die Versammlung eine Regelung darüber trifft, ob zu viel gezahlte Vorschüsse ausgezahlt oder aber mit künftigen Hausgeldvorauszahlungen verrechnet werden sollen.

7. Wann sind Nachzahlungen fällig?

Wird die Jahresabrechnung in der Eigentümerversammlung durch Beschluss genehmigt, so ist die Jahresabrechnung damit insgesamt verbindlich. Insofern werden auch die Einzelabrechnungen, d. h. auch Ihre eigene, soweit sie zur Beschlussfassung vorlag, verbindlich. Mit dem Tag der Beschlussfassung über die Jahresabrechnung in der Eigentümerversammlung werden die sich aus der Einzelabrechnung ergebenden Nachzahlungen oder Guthabenbeträge für Sie fällig. Bis zu diesem Zeitpunkt sind Sie jedoch nur zu den Hausgeldvorauszahlungen gemäß dem Wirtschaftsplan verpflichtet. Die jeweiligen Abrechnungsbeträge sind jedoch bis zum Zeitpunkt der Beschlussfassung noch nicht fällig.

Wenn der Verwalter Ihnen in der Eigentümerversammlung nur die Gesamtabrechnung zur Beschlussfassung vorlegt und die Einzelabrechnungen erst später aufgrund der genehmigten Gesamtabrechnung erstellt, können Sie nachträglich gegen die Richtigkeit der Einzelabrechnungen Einwände erheben. Eine vom Verwalter noch zu erstellende Einzelabrechnung kann nicht unanfechtbar unter dem Vorbehalt der Richtigkeit genehmigt werden. Denn als Eigentümer können Sie ja eine Abrechnung nicht billigen, die Sie noch gar nicht kennen bzw. die noch nicht vorliegt.

Achtung bei Schulden des Vorbesitzers

Die Eigentümerversammlung beschließt über die Jahresabrechnung und die Einzelabrechnung. Hierbei werden nur die Woh-

Die Jahresabrechnung

nungseigentümer zur Nachzahlung verpflichtet, die zum Zeitpunkt der Beschlussfassung im Grundbuch eingetragen sind. Die Gerichte stellen ganz formal auf die Eigentümerstellung zum Zeitpunkt der Beschlussfassung ab. Dieser Umstand kann für Sie schwerwiegende finanzielle Folgen haben. Je nachdem, ob Sie als Käufer oder Verkäufer schon oder noch nicht im Grundbuch eingetragen sind.

Beispiele:

- Fall 1: Die Sonderumlage

  Der Hausverwalter informiert im Mai 2010 die Eigentümerversammlung darüber, dass Hausgeldrückstände in Höhe von 14.182,64 EUR bestehen, weil einige Eigentümer ihren Zahlungsverpflichtungen nicht nachgekommen sind. Nun beschließt die Eigentümerversammlung, eine Sonderumlage zu erheben, damit die Fehlbeträge ausgeglichen werden können. Die Sonderumlage trifft nicht nur die säumigen Zahler, sondern alle Eigentümer. Diese anteilige Beitragspflicht zur Sonderumlage trifft Sie als den im Wohnungsgrundbuch eingetragenen Wohnungseigentümer.

- Fall 2: Laufende Kosten

  Sie haben eine bereits vermietete Eigentumswohnung gekauft. Übergabetag war der 01.05.2010. Am 17.11.2010 wurden Sie als neuer Eigentümer im Wohnungsgrundbuch eingetragen. Da für den Erwerb der Wohnung der Eintrag im Grundbuch entscheidend ist, war der Verkäufer bis zum 17.11.2010 gegenüber der Eigentümergemeinschaft verpflichtet, die Hausgeldzahlungen zu leisten.

- Fall 3: Nachzahlungspflicht

  Wir bleiben beim oben genannten Fallbeispiel mit der Wohnungsgrundbucheintragung vom 17.11.2010. Im Mai 2011

> findet Ihre erste Eigentümerversammlung statt. Ein Tagesordnungspunkt ist unter anderem die Beschlussfassung über die Abrechnung für die Jahre 2009 und 2010. Vom Verwalter wurde Ihnen eine Einzelabrechnung vorgelegt, die für Sie Nachzahlungsbeträge von insgesamt 3.350 EUR ausweist. Diese Abrechnungen fallen nun größtenteils in einen Zeitraum, in dem Sie noch nicht im Grundbuch eingetragen waren. Sie sind jedoch der Eigentümergemeinschaft gegenüber zur Nachzahlung verpflichtet, und nicht etwa der Verkäufer. Es kommt also nicht darauf an, aus welcher Abrechnungsperiode die Nachforderungen stammen, sondern nur und ausschließlich darauf, wer zum Zeitpunkt der Beschlussfassung im Wohnungsgrundbuch eingetragen ist.

8. Wie Sie Ihre eigenen Interessen wahren

In den oben genannten Fällen kann man dem Gedanken verfallen, den Verkäufer in Regress zu nehmen. Im Fall 1 haben Sie kaum Aussicht auf Erfolg, denn bei der Sonderumlage handelt es sich um eine Zahlungsverpflichtung, die erst entstanden ist, nachdem Sie im Wohnungsgrundbuch eingetragen waren. In den Fällen 2 und 3 können Sie sich jedoch die geleisteten Zahlungen vom Verkäufer erstatten lassen. Voraussetzung dafür ist die Absicherung Ihrer finanziellen Interessen bereits bei Abschluss des notariellen Kaufvertrags. Dies kann durch eine Klausel im Kaufvertrag über die Eigentumswohnung geschehen. Der Verkäufer verpflichtet sich, Sie als den neuen Eigentümer von Hausgeldzahlungen und Nachzahlungsverpflichtungen so lange freizuhalten, bis Sie als Eigentümer im Wohnungsgrundbuch eingetragen sind.

Die Jahresabrechnung

> **Profi-Tipp:**
>
> - Sie sollten vor dem Kauf einer gebrauchten Eigentumswohnung klären, ob Zahlungsverpflichtungen des Verkäufers bzw. anderer Miteigentümer aus den Abrechnungen vergangener Jahre oder sonstige Hausgeldrückstände bestehen.
>
> - Ferner sollten Sie sich beim Verwalter danach erkundigen, ob die Beschlussfassung über die Abrechnungen zurückliegender Jahre noch aussteht.
>
> - Zu guter Letzt sollten Sie darauf bestehen, dass der Verkäufer vertraglich verpflichtet wird, etwaige Hausgeldrückstände und Forderungen aus bereits vorliegenden Abrechnungen für vergangene Jahre zu begleichen.

9. Üben Sie Ihr Kontrollrecht aus!

Nicht nur der Verwaltungsbeirat, sondern auch der „normale" Eigentümer hat ein Recht, sämtliche Abrechnungsunterlagen des Verwalters einzusehen. Gründe des Datenschutzes stehen dem nicht entgegen. Der Verwalter muss Ihnen jedoch nicht die Originalbelege zur Verfügung stellen. Die Kopien der Unterlagen braucht er Ihnen nur dann zuzuschicken, wenn Sie ihm die dadurch entstehenden Kosten erstatten. Ihr Recht auf Einsichtnahme betrifft nicht nur die Unterlagen, welche der Jahresabrechnung zugrunde liegen, sondern Sie haben auch die Berechtigung, andere Verwaltungsunterlagen einzusehen. Dazu gehören z. B. die Wirtschaftspläne, Zahlungsbelege anderer Wohnungseigentümer, Wartungsverträge oder der Verwaltervertrag.

Üben Sie Ihr Kontrollrecht aus!

Wichtig: Die Eigentümerversammlung entscheidet über die Jahresabrechnung mit einfacher Stimmenmehrheit, wenn in der Teilungserklärung nichts anderes vereinbart wurde. Eine Genehmigung der Jahresabrechnung unter der Bedingung, dass der Verwaltungsbeirat diese billigt, ist anfechtbar, aber nicht nichtig.

Zulässig ist jedoch eine Regelung in der Teilungserklärung, dass die Abrechnung als anerkannt gilt, wenn ihr nicht innerhalb von vier Wochen nach Absendung schriftlich widersprochen wird. Damit kommt mit Ablauf dieser Frist ein Beschluss zustande, der die Zustimmung der Eigentümer unwiderleglich vermutet. Die Regelung, dass ein Widerspruch nur zu beachten ist, wenn ihn mehr als die Hälfte der Wohnungseigentümer einlegen, ist unwirksam. Wenn die Eigentümergemeinschaft in der Versammlung die Jahresabrechnung genehmigt, entlastet sie in der Regel damit zugleich den Verwalter für die in der Abrechnung dargestellten Verwaltungsabläufe, soweit keine gesonderte Abstimmung über die Entlastung des Verwalters stattfindet. Auf diese Entlastung hat der Verwalter einen Rechtsanspruch gegenüber den Eigentümern. Dieser ist darauf gerichtet, dass zum Zweck der Fortführung der Verwaltung über die vorgelegten Abrechnungen abgestimmt wird.

Wenn der Verwalter wechselt, ist der abberufene Verwalter dazu verpflichtet, bis zum Zeitpunkt seines Ausscheidens abzurechnen. Scheidet der abberufene Verwalter während eines Wirtschaftsjahres aus, so ist er nicht dazu verpflichtet, eine Jahresabrechnung zu erstellen. Ausnahme hiervon ist jedoch der Fall, dass die Jahresabrechnung des Verwalters zum Zeitpunkt der Beendigung des Verwaltervertrags bereits fällig war.

Die Jahresabrechnung

Checkliste: Abrechnungsprüfung

- Wurden ausschließlich Kosten aus dem Abrechnungszeitraum berücksichtigt?
- Wurden alle Einnahmen der Eigentümergemeinschaft erfasst?
- Wurden bei den verbrauchsabhängigen Kosten, z. B. Warmwasser und Heizöl, der Anfangs- und Endbestand angegeben?
- Wurden fiktive Kosten angesetzt?
- Liegen die tatsächlich entstandenen Kosten über dem Durchschnitt?
- Wurden Kosten doppelt verbucht?
- Wurden die nicht umlagefähigen Betriebskosten gesondert ausgewiesen?
- Liegt der korrekte Verteilungsschlüssel vor?
- Wurden Ihre persönlichen Hausgeldzahlungen korrekt verbucht?
- Wurden die Kosten bei einem Eigentümerwechsel richtig aufgeteilt?
- Ist die Einzelabrechnung sachlich und rechnerisch richtig?
- Haben Sie die Abrechnungsunterlagen eingesehen?
- Bestehen bei einzelnen Eigentümern Hausgeldrückstände, und wie hoch sind diese?
- Bestehen bei der Eigentümergemeinschaft Verbindlichkeiten gegenüber Dritten?

Die Wohnungseigentümerversammlung und Beschlussfassung

6

1. Gemeinschaftsziel Verwaltung 123

2. Wofür ist die Eigentümerversammlung zuständig? 124

3. Ungültige Beschlüsse 126

4. Einberufung der Eigentümerversammlung 128

5. Aufgaben einer ordnungsgemäßen Verwaltung 130

6. Beschlüsse richtig formulieren und durchsetzen 132

7. Das ist bei der Tagesordnung wichtig! 135

8. Wer hat welchen Stimmanteil? 146

9. Wann ist eine Eigentümerversammlung beschlussfähig? 152

10. Der schriftliche Beschluss 153
11. Bezeichnung des Beschlussgegenstands 154
12. Voraussetzungen für die Einberufung einer Wohnungseigentümerversammlung 159
13. Ablauf einer Wohnungseigentümerversammlung 170

1. Gemeinschaftsziel Verwaltung

Als Wohnungseigentümer sind Sie zusammen mit den anderen Eigentümern, als Miteigentümer des Grundstücks und seiner Aufbauten, Träger eines gemeinschaftlichen Rechts. Die Wohnungseigentümer sind daher gezwungen, ihre gemeinschaftlichen Angelegenheiten zusammen zu regeln. Zur Erfüllung dieser Gemeinschaftsaufgaben ist jeder Wohnungseigentümer berechtigt und verpflichtet, bei der Willensbildung zu den gemeinschaftlichen Angelegenheiten mitzuwirken. Zur gemeinschaftlichen Verwaltung gehört es, dass gemeinsame Entscheidungen, Beschlüsse getroffen werden.

Wird eine neue positive Entscheidung getroffen, so begründet dieser Beschluss ein neues rechtliches Verhältnis, das die Rechtspflichten der Gemeinschaft untereinander ergänzen, konkretisieren oder abändern kann.

Grundsatz der Selbstverwaltung

Da jeder Eigentümer auch für das Gemeinschaftseigentum Mitverantwortung trägt, hat er die Pflicht an dieser Verwaltung mitzuwirken. Die Eigentümer verwalten ihr Gemeinschaftseigentum selbst.

Der Grundsatz der Selbstverwaltung wird nicht dadurch infrage gestellt, dass für einen Teil der Gemeinschaftsaufgaben und -angelegenheiten eine konkurrierende Zuständigkeit des Verwalters gesetzlich bestimmt ist.

Verwalter unterliegt dem Gemeinschaftswillen

Der Verwalter ist selbst für Angelegenheiten, die ihm durch das Gesetz unabdingbar zur selbstständigen Erledigung übertragen sind, im Einzelfall der Weisung der Wohnungseigentümer in ihrer Gesamtheit unterworfen. Diesen Gemeinschaftswillen trifft die

Wohnungseigentümerversammlung/Beschlussfassung

Gesamtheit der Wohnungseigentümer in der Eigentümerversammlung. Als zweite Möglichkeit der gemeinschaftlichen Willensbildung und Entscheidung sieht das WEG in § 23 Abs. 3 vor, dass ein Beschluss auch ohne Versammlung gültig ist, wenn alle Wohnungseigentümer ihre Zustimmung zu diesem Beschluss schriftlich erklären. Somit sind alle Wohnungseigentümer an der Willensbildung zu beteiligen. Jeder einzelne Eigentümer ist an dieser Entscheidung zu beteiligen. Widerspricht ein Eigentümer, so hindert dies das Zustandekommen des Beschlusses und die Feststellung des verbindlichen Gemeinschaftswillens. Im Gegensatz hierzu entscheidet die Eigentümerversammlung mit der einfachen Mehrheit der abgegebenen Stimmen.

2. Wofür ist die Eigentümerversammlung zuständig?

Die Entscheidungszuständigkeit der Eigentümerversammlung wird durch das Gesetz auf die gemeinschaftlichen Angelegenheiten der Verwaltung und des ordnungsgemäßen Gebrauchs beschränkt. Zu anderen Entscheidungen ist die Eigentümerversammlung ausschließlich dann befugt, wenn die Gemeinschaftsordnung diese Zuständigkeit der Eigentümerversammlung erweitert. Der BGH hat eine entsprechende Entscheidung am 27.06.1985 getroffen (BGHZ 1995, 137; NJW 1985, 2832; MDR 1986, 138; WM 1985, 354; ZMR 1986, 19; DWE 1985, 120). Der BGH vertritt die Ansicht, dass der Wortlaut des § 23 Abs. 1 WEG eine Interpretation dahingehend zulässt, dass es den Wohnungseigentümern freisteht, durch Vereinbarung zusätzliche Angelegenheiten von dem Einstimmigkeitsprinzip auszunehmen und diese der Entscheidungszuständigkeit der Eigentümerversammlung und ihrem Mehrheitsprinzip zu unterwerfen. Hierbei dürfen einzelne Wohnungseigentümer nicht benachteiligt werden.

Wofür ist die Eigentümerversammlung zuständig?

Diese Entscheidung des BGH lässt im Ergebnis, neben der gesetzlichen, eine rechtsgeschäftliche, begründete Entscheidungszuständigkeit zu.

In Betracht kommen können:

- Eine abändernde Regelung der rechtlichen Verhältnisse zum Gemeinschaftsverhältnis, die nach § 10 Abs. 1 und Abs. 2 WEG der Vereinbarung unterliegen.

- Für die Entscheidungen zur baulichen Veränderung des Gemeinschaftseigentums, die gemäß § 22 Abs. 1 WEG nicht in die Entscheidungszuständigkeit der Eigentümerversammlung fallen.

- Für die Erteilung von Zustimmungen, wenn nach der Gemeinschaftsordnung Veräußerungs- oder Nutzungsbeschränkungen gelten, und im Einzelfall die von den begünstigten Wohnungseigentümern eventuell geschuldete Zustimmung über eine Mehrheitsentscheidung der Eigentümerversammlung erteilt werden darf. Zur Erteilung von notwendigen Zustimmungen ist die Entscheidungszuständigkeit der Eigentümerversammlung nicht schon deshalb gegeben, weil eine Regelung der Teilungserklärung eine Veräußerungs- oder Nutzungsbeschränkung bestimmt. Die Gemeinschaftsordnung muss vielmehr eine Zuständigkeitsermächtigung zur Erteilung der Zustimmung ausdrücklich bestimmen. Insofern tritt erst über diese Regelung eine Entscheidungszuständigkeit der Eigentümerversammlung an die Stelle der Einzelzuständigkeit derjenigen Wohnungseigentümer, die im Ernstfall zur Erteilung der Zustimmung einerseits berechtigt und andererseits verpflichtet sind.

Wohnungseigentümerversammlung/Beschlussfassung

3. Ungültige Beschlüsse

Wenn die Eigentümerversammlung einen Beschluss zu einem Entscheidungsgegenstand fasst, der weder gesetzlich, noch durch eine rechtsgeschäftlich begründete Entscheidungszuständigkeit legitimiert ist, so hat sie damit ihre Entscheidungszuständigkeit überschritten. Mit einer solchen Beschlussfassung wird die Entscheidungszuständigkeit derjenigen Eigentümer verletzt, die durch die Veränderungsmaßnahmen beeinträchtigt werden und denen eine Entscheidungsbefugnis zusteht.

Achtung: Eine Eigentümerversammlung, die einen Gemeinschaftswillen über einen Entscheidungsgegenstand fasst, obwohl die Versammlung hierzu nicht legitimiert ist, fasst diesen Beschluss ohne Entscheidungszuständigkeit und handelt rechtswidrig. Somit verstößt die Entschlussfassung gegen den Rechtsgrundsatz, dass die Versammlung nur für die gemeinschaftlichen Angelegenheiten sowie für die Entscheidungsgegenstände entscheidungsbefugt ist, die ihr aufgrund einer Regelung der Gemeinschaftsordnung wirksam zugeordnet sind.

Interessante Rechtsprechung

Der BGH hat in einem Beschluss vom 21.05.1970 (BGHZ 54, 65; NJW 1970, 1316) entschieden, dass ein Entschluss einer Eigentümerversammlung ohne Entscheidungszuständigkeit nur gegen eine Rechtsvorschrift verstößt. Es kommt somit dennoch ein wirksamer Beschluss zustande. Für Sie als Eigentümer bedeutet das, dass Sie einen solchen Beschluss innerhalb der gesetzlichen Ausschlussfrist des § 23 Abs. 4 WEG, d. h. innerhalb eines Monats nach Beschlussfassung, anfechten können. Ähnlich entschied der BGH in einem Beschluss vom 11.07.1991 (BGHZ 115, 151; NJW 1991, 2637), dass ein solcher Beschluss zwar nicht nichtig ist, jedoch als ein nicht rechtmäßiger Beschluss angefochten werden muss.

Ungültige Beschlüsse

Absolut unwirksame Beschlussfassungen

Unwirksame Beschlussfassungen sind nur in Ausnahmefällen gegeben. Diese können z. b. sein:

- Die Beschlussfassung verstößt gegen ein durch das WEG ausdrücklich bestimmtes Verbot (z. b. Beschlussfassung der Eigentümergemeinschaft darüber, dem Verwalter die gesetzlichen Aufgaben und Rechte zu entziehen).

- Die Beschlussfassung betrifft die Abänderung einer Regelung, die zwar nach der gesetzlichen Gemeinschaftsordnung nicht ausdrücklich verboten ist, jedoch deshalb nicht hingenommen werden kann, weil diese gesetzliche Regelung für die Gemeinschaft von grundlegender Bedeutung ist.

- Die Beschlussfassung verstößt gegen ein unabdingbares Verbot, welches ein Gesetz außerhalb des WEG bestimmt.

- Die Beschlussfassung verstößt gegen die guten Sitten (§ 138 BGB). Das BayObLG hat hierzu in einem Beschluss vom 10.10.1995 (BayObLGZ 85, 345) einen Beschluss einer Eigentümerversammlung für sittenwidrig und daher unwirksam erklärt, welcher verlangte, dass rückständiges Wohngeld mit Verzugszinsen in Höhe von 36 % belastet wird.

- Die Beschlussfassung betrifft überhaupt nicht das Gemeinschaftsverhältnis.

- Die Beschlussfassung hat eine Änderung des Gemeinschaftseigentums bzw. des Sondereigentums zum Gegenstand. Dazu entschied das BayObLG mit Beschluss vom 17.07.1996 (ZMR 86, 448), dass eine Beschlussfassung unwirksam ist, die bestehendes Gemeinschaftseigentum in Sondereigentum umwandelt und die Miteigentumsquote der mitberechtigten Wohnungseigentümer ändern soll.

4. Einberufung der Eigentümerversammlung

Die Wohnungseigentümerversammlung ist das Hauptorgan der Verwaltung. Sie steht grundsätzlich vor dem Verwalter und vor dem Verwaltungsbeirat. Die Verwaltung durch die Eigentümerversammlung umfasst alle Maßnahmen, die im Interesse einer ordnungsgemäßen Verwaltung des Wohnungseigentums notwendig sind. Insofern können die Wohnungseigentümer grundsätzlich jederzeit den Gegenstand der Beschlussfassung neu bestimmen. Dies gilt auch für eine bereits geregelte Angelegenheit (BGHZ 113, 197; NJW 1991, 979).

Mögliche Maßnahmen eines einzelnen Wohnungseigentümers

Gemäß § 21 Abs. 2 WEG kann der einzelne Wohnungseigentümer ohne Zustimmung der anderen Wohnungseigentümer Maßnahmen treffen, die zur Verhinderung eines unmittelbar drohenden Schadens für das gemeinschaftliche Eigentum notwendig sind.

Solche Maßnahmen sind vom Standpunkt eines verständigen Eigentümers zu beurteilen, müssen sich im Rahmen einer ordnungsgemäßen Verwaltung befinden und dürfen keine baulichen Veränderungen, d. h. eine auf Dauer angelegte Umgestaltung des Gemeinschaftseigentums in seiner bestehenden Form, darstellen. Somit ist der einzelne Wohnungseigentümer auch zur Prozessführung befugt.

Notwendige Maßnahmen durch den einzelnen Wohnungseigentümer sind aber nur dann gerechtfertigt, wenn ein unmittelbarer Schaden, d. h. eine unfreiwillige Einbuße, welche die Wohnungseigentümergemeinschaft in Folge eines bestimmten Ereignisses an ihrem Gemeinschaftseigentum erleidet, für das Gemeinschaftseigentum droht. Ein solcher Schaden droht unmittelbar, wenn er sich in der nächsten Zeit ereignet bzw. der Schaden kurz vor seiner

Einberufung der Eigentümerversammlung

Verwirklichung steht. Die Zeitspanne muss so kurz sein, dass es nicht mehr möglich ist, den Verwalter oder den Verwaltungsbeirat zu informieren.

Die Maßnahme ist notwendig, wenn sie zur Erhaltung oder ordnungsgemäßen Bewirtschaftung des Gemeinschaftseigentums objektiv erforderlich ist. Der Verwalter bzw. der Verwaltungsbeirat oder die Eigentümerversammlung hätte somit in der gleichen Situation die gleiche Maßnahme treffen müssen.

Haftung

Achtung: Wer vorschnell eine Maßnahme trifft, die über das ihm in § 21 Abs. 2 WEG gegebene Recht hinausgeht, handelt als „Geschäftsführer ohne Auftrag" und muss sich den Rechtsfolgen des BGB unterwerfen. Demzufolge muss ein Geschäftsführer ohne Auftrag dem Geschädigten, in unserem Fall der Eigentümergemeinschaft, Schadensersatz leisten.

Kostenübernahme

Ein Eigentümer, der zulässigerweise im Rahmen des § 21 Abs. 2 WEG handelt, kann demgegenüber seine Aufwendungen als Kosten der Instandhaltung gemäß § 16 Abs. 2 WEG verlangen. Er kann mit ihnen sogar andere, gegen ihn selbst bestehende Forderungen der Wohnungseigentümergemeinschaft, wie z. B. Hausgeld, aufrechnen (WEM 1980, 129).

Von dieser Ausnahme abgesehen unterliegt die ordnungsgemäße Verwaltung dem Interesse der Gesamtheit der Wohnungseigentümer. Dieses Interesse wird auf der Wohnungseigentümerversammlung gebildet und durchgesetzt.

Wohnungseigentümerversammlung/Beschlussfassung

5. Aufgaben einer ordnungsgemäßen Verwaltung

Gemäß § 21 Abs. 5 WEG gehören zu den Aufgaben einer ordnungsgemäßen Verwaltung:

- Aufstellung einer Hausordnung
- Ordnungsgemäße Instandhaltung und Instandsetzung des gemeinschaftlichen Eigentums
- Feuerversicherung des gemeinschaftlichen Eigentums zum Neuwert sowie angemessene Versicherung der Wohnungseigentümer gegen Haus- und Grundbesitzerhaftpflicht
- Ansammlung einer angemessenen Instandhaltungsrückstellung
- Aufstellung eines Wirtschaftsplans i. S. d. § 28 WEG
- Duldung aller Maßnahmen, die zur Herstellung einer Fernsprechteilnehmereinrichtung, einer Rundfunkempfangsanlage oder eines Energieversorgungsanschlusses zugunsten eines Wohnungseigentümers erforderlich sind

Die Kriterien für die ordnungsgemäße Verwaltung findet man nicht nur in § 21 Abs. 5, sondern auch in den Absätzen 3 und 4 sowie im Katalog des § 27 WEG. Allerdings bestimmt das Gesetz nicht den Begriff der ordnungsgemäßen Verwaltung. Wenn man alle Gesetzesstellen, welche sich auf die ordnungsgemäße Verwaltung oder den ordnungsgemäßen Gebrauch beziehen, liest, kann man die folgende Definition der ordnungsgemäßen Verwaltung herleiten: „Die ordnungsgemäße Verwaltung umfasst alle Maßnahmen, die im Interesse aller Wohnungseigentümer auf die Erhaltung, Verbesserung oder den der Zweckbestimmung des gemeinschaftlichen Eigentums entsprechenden Gebrauch gerichtet sind" (Bärmann/Pick/Merle § 21 WEG, Rn. 63).

Aufgaben einer ordnungsgemäßen Verwaltung

Allgemeingültige Kriterien lassen sich allerdings nicht aufstellen. Eine Maßnahme, die der ordnungsgemäßen Verwaltung entspricht, erfolgt grundsätzlich im Interesse der Gesamtheit der Wohnungseigentümer und ist bei objektiver Betrachtungsweise unter Berücksichtigung des Einzelfalls nützlich. Hierzu muss für die Maßnahme auch eine Kosten-Nutzen-Analyse betrieben werden. Das heißt, die Maßnahme muss auch der wirtschaftlichen Leistungsfähigkeit der Gemeinschaft entsprechen. Darüber hinaus sind auch örtliche und bauliche Besonderheiten der Wohnanlage sowie die Interessen der Wohnungseigentümer bei der Bewertung der ordnungsgemäßen Verwaltung zu berücksichtigen.

Zwar wird oftmals nur eine Maßnahme der ordnungsgemäßen Verwaltung entsprechen. Aber im Sinne des § 21 Abs. 4 WEG muss die Maßnahme dem billigen Ermessen entsprechen und das wiederum bedeutet, dass es einen Ermessens- und Beurteilungsspielraum gibt, innerhalb dessen die Wohnungseigentümer ihre Wahl aus mehreren Maßnahmen durch Mehrheitsbeschluss treffen können.

Grundsätzlich hat jeder Wohnungseigentümer einen Anspruch auf eine ordnungsgemäße Verwaltung, den er gegenüber den Miteigentümern und dem Hausverwalter geltend machen kann. So kann z. B. ein Wohnungseigentümer verlangen, dass bereits gefasste Beschlüsse beachtet und von der Verwaltung durchgeführt werden. Hierzu genügt es, wenn dieser Beschluss wirksam ist und die Wohnungseigentümer bindet, einer ordnungsgemäßen Verwaltung muss dieser Beschluss allerdings nicht entsprechen.

Der einzelne Wohnungseigentümer kann seinen Anspruch auf ordnungsgemäße Verwaltung auch im gerichtlichen Verfahren gemäß § 43 Nr. 1 WEG durchsetzen. Vor der Anrufung des Gerichts muss sich der Einzelne um eine Beschlussfassung in der Wohnungseigentümerversammlung bemühen. Denn fehlen diese Bemühungen um Durchsetzung des eigenen Anspruches in der

Wohnungseigentümerversammlung/Beschlussfassung

Wohnungseigentümerversammlung, fehlt das Rechtsschutzbedürfnis. Die grundsätzliche Entscheidungszuständigkeit der Eigentümerversammlung darf nämlich durch das Gericht nicht übergangen werden. Insbesondere dann nicht, wenn die Wohnungseigentümer in der Versammlung eine Wahlmöglichkeit zwischen mehreren Maßnahmen haben. Der einzelne Wohnungseigentümer muss allerdings die Eigentümerversammlung nicht einschalten, wenn er schon von vornherein mit einer abschlägigen Beschlussfassung rechnen kann und feststeht, dass er in der Versammlung keine Mehrheit findet (KG, ZMR 1999, 509).

Diesbezüglich bildet die Eigentümerversammlung ihren Willen. Dieser Wille wird dann als Beschluss festgestellt. Wichtig für Sie als Eigentümer ist nun, wie diese Beschlüsse formuliert werden, damit Sie zu einem positivem Abstimmungsergebnis gelangen. Schon die Formulierung des Beschlusses ist entscheidend für das Ergebnis.

6. Beschlüsse richtig formulieren und durchsetzen

In der Eigentümerversammlung führt die Bildung eines Gemeinschaftswillens zu einem Beschlussergebnis. Aus dem Inhalt des Beschlussergebnisses ergibt sich nun ein positiver oder negativer Beschluss.

Beschlussformulierungen	
Positiver Beschluss	Über den Beschlussantrag wird mit Stimmenmehrheit positiv entschieden, d. h. er wird angenommen.
Negativer Beschluss	Es bildet sich keine Mehrheit für die Annahme des Beschlussantrags.

Beschlüsse richtig formulieren und durchsetzen

Das BayObLG bezeichnet einen positiven Beschluss schlechthin als den „Beschluss", während der negative Beschluss als „Nichtbeschluss" gewertet wird (BayObLGZ 1984, 213 ff.; MDR 1985, 58). Von dem negativen Beschluss gehen keine Rechtswirkungen aus, von dem positiven Beschluss ergeben sich in irgendeiner Form Auswirkungen auf die Rechtslage der Eigentümergemeinschaft.

So setzen Sie Ihre Belange durch

Die Eigentümerversammlung dient jedem einzelnen Wohnungseigentümer zur Verwirklichung seines Rechts auf Selbstbestimmung und Selbstverwaltung. Für sie gilt der Grundsatz der Autonomie. Neben der Eigentümerversammlung als Hauptorgan der Verwaltung stehen der Verwalter und der Verwaltungsbeirat.

Die meisten Eigentümer wissen anscheinend nicht, dass sie in ihrer Gesamtheit das oberste Verwaltungsorgan der Wohnanlage sind, so dass in vielen Eigentümerversammlungen wenig davon zu spüren ist, dass den Wohnungseigentümern die Bedeutung der Eigentümerversammlung bewusst ist. Dies offenbart sich leider allzu oft im Benehmen mancher Verwalter, welche die Eigentümerversammlung nur als lästige Pflichtübung betrachten und zur Selbstdarstellung missbrauchen. Hier wird die Eigentümerversammlung nicht selten vom Verwalter ausschließlich zur Bestätigung seiner Arbeit benutzt und deren Zustimmung zu vorgefertigten Beschlüssen eingeholt. Die Autonomie der Eigentümerversammlung kommt nicht zum Tragen. Der Verwalter wird jedoch von den Wohnungseigentümern bestellt und bezahlt. Als Eigentümer sollte man diesen Tendenzen unbedingt entgegenwirken. Beweisen Sie Zivilcourage! Die restlichen Eigentümer werden Ihnen dankbar sein, wenn die Eigentümerversammlung nicht zur jährlichen Routinehandlung degradiert wird, in der es lediglich um die Absegnung des Wirtschaftsplans und der Jahresabrechnung geht.

Wohnungseigentümerversammlung/Beschlussfassung

Zeigen Sie Zivilcourage!

Hüten Sie sich davor, dass die Eigentümerversammlung nur nach den vorgefassten Formen der Tagesordnung abläuft, bei der die gestellten Anträge lediglich „abgehakt" werden. Wenden Sie sich strikt gegen solche Tendenzen, denn die Eigentümerversammlung muss für alle Teilnehmenden das Forum offener und fairer Diskussion sein. Nehmen Sie an jeder Eigentümerversammlung teil und bereiten Sie sich auf diese Versammlung gewissenhaft vor. Wirken Sie unbedingt an den Erörterungen und Beschlüssen aktiv mit.

Achtung: Für den Kapital anlegenden Wohnungseigentümer ist es wichtig, dass die Wohnanlage sauber und gepflegt ist, um die Attraktivität der Wohnlage zu erhalten. Eine reibungs- und problemlose Verwaltung ist dafür die Voraussetzung.

Der Verwalter sowie jeder einzelne Wohnungseigentümer haben einen Anspruch auf „rechtliches Gehör". Es sollte jeder zu jedem Thema seine Meinung äußern dürfen, und niemand darf durch die Versammlungsleitung oder andere Wohnungseigentümer an seiner Meinungsäußerung gehindert werden.

Wichtig: Vermeiden Sie sinnlose Diskussionen und versuchen Sie diese einzudämmen. Unterstützen Sie die Versammlungsleitung dabei, sich entwickelnde Diskussionen auf sachliche Erörterungen zu beschränken. Hierbei genügt oft schon der Hinweis auf die Regel des heiligen Benedikt, dass „unnütze und dümmliche Reden von diesem Ort für immer verbannt sein sollen".

Effiziente Verwaltung durch gute Kompromisse

Zur effizienten Verwaltung gehört auch, dass bei einem Zwiespalt mit anderen Eigentümern ein Kompromiss der Eigentümergemeinschaft gefunden wird, bei dem die Interessen aller Wohnungseigentümer bestmöglich berücksichtigt wurden. Die Abstimmungsergebnisse müssen allerdings auch dann akzeptiert werden, wenn sie nicht der eigenen Meinung entsprechen.

7. Das ist bei der Tagesordnung wichtig!

Ihre Eigentumswohnung ist nur dann wirtschaftlich, wenn ein sinnvolles Gleichgewicht zwischen Einnahmen und Ausgaben besteht. Bei der Vermietung Ihrer Eigentumswohnung wirken sich viele Beschlüsse der Eigentümerversammlung auf das Mietverhältnis aus. Dabei sind besonders folgende Punkte zu beachten:

- Jahresabrechnung
- Wirtschaftsplan
- Instandhaltung und Instandsetzung des gemeinschaftlichen Eigentums
- Instandhaltungsrücklagen
- Bauliche Veränderungen
- Sonderumlagen, Pflege des Gemeinschaftseigentums
- Fragen der Hausgemeinschaft
- Entlastung des Verwalters

Jahresabrechnung

Aufgabe des Verwaltungsbeirats ist die Prüfung der Jahresabrechnung des Verwalters. Das Ergebnis der Prüfung muss der Verwaltungsbeirat den Wohnungseigentümern in der Eigentümerversammlung mitteilen und dazu Stellung nehmen, bevor die Eigentümerversammlung hierüber beschließt. In vielen Wohnungseigentumsanlagen prüft jedoch nicht der Verwaltungsbeirat die Jahresabrechnung, sondern ein Wohnungseigentümer, der auch beruflich mit dem Rechnungswesen vertraut ist.

Wohnungseigentümerversammlung/Beschlussfassung

Für die Abrechnung des Verwalters gilt grundsätzlich Folgendes:

- Die Jahresabrechnung muss eine geordnete und übersichtlich, inhaltlich zutreffende Aufstellung der Einnahmen und Ausgaben im jeweiligen Kalenderjahr enthalten.
- Die Jahresabrechnung muss auch ohne Hinzuziehung eines Buchhalters oder eines sonstigen Sachverständigen inhaltlich und rechnerisch nachvollziehbar sein.
- Es dürfen nur die tatsächlich zugeflossenen Einnahmen und die tatsächlich entstandenen Ausgaben berücksichtigt werden. Sollbeträge bleiben grundsätzlich unberücksichtigt.

Wirtschaftsplan

Der Wirtschaftsplan ist der Haushaltsplan der Gemeinschaft, den der Verwalter für das folgende Kalenderjahr aufstellen muss.

Der Wirtschaftsplan hat grundsätzlich drei Bestandteile:

- Planung der Einnahmen und Ausgaben der Verwaltung
- Lasten- und Kostenumlegung entsprechend des jeweils zutreffenden Verteilungsschlüssels
- Veranschlagte Leistungen für zu bildende Instandhaltungsrücklagen

Bis zur Beschlussfassung der Eigentümergemeinschaft über einen neuen Wirtschaftsplan ist der zuletzt beschlossene Wirtschaftsplan die Rechtsgrundlage für die Zahlungen der Wohnungseigentümer, wie z. B. Hausgeld.

Vorauszahlungen

Für die Vorauszahlungen sieht das WEG keine bestimmten Fristen vor. In der Regel ist jedoch eine monatliche Leistungserbringung vereinbart. Solche Bestimmungen sind für die Wohnungseigentümer bindend. Änderungen sind nur durch einstimmigen Beschluss

Das ist bei der Tagesordnung wichtig!

möglich. Sind die Hausgeldvorauszahlungen jedoch sehr gering, können halb- oder vierteljährliche Zahlungen durchaus empfehlenswert sein. Hierdurch wird der buchhalterische Aufwand minimiert, der beim Verwalter Kosten verursacht und sowohl die Kosten für Überweisungen auf dem Konto der Wohnungseigentümergemeinschaft als auch auf den Privatkonten der einzelnen Wohnungseigentümer reduziert.

Hausgeld

Wichtig: Viele Wohnungseigentümergemeinschaften haben die Frage des Hausgelds so geregelt, dass das anteilige Hausgeld für das gesamte Jahr auf einmal fällig ist, wobei der einzelne Wohnungseigentümer berechtigt sein soll, monatlich ein Zwölftel der Jahressumme zu leisten. Das Plus dieses Beschlusses ist, dass in Fällen von Zahlungsverzug, in welchen gerichtliche Wohngeldinkassoverfahren notwendig sind, entsprechend der vereinbarten Fälligkeit immer der Betrag geltend gemacht werden kann, der tatsächlich fällig ist. Bei monatlicher Zahlungsweise würde bei andauerndem Zahlungsverzug Monat für Monat der neu fällig werdende Betrag eingeklagt werden müssen. Bei jährlicher Fälligkeit des Gesamtbetrags mit der Option zur monatlichen Leistung wird jedoch der gesamte Restjahresbetrag sofort einklagbar. Die erheblichen Kosten und der hohe Arbeitsaufwand, der anderenfalls entstünde, wird dadurch vermieden. Bedenken Sie immer, dass Gerichtsverfahren auch ihre Zeit benötigen. Ist daher ein Wohnungseigentümer in Zahlungsverzug und bei mehreren Gläubigern verschuldet, so ist es für die Eigentümergemeinschaft von großem Vorteil, wenn sie ihren Anspruch schnellstmöglich vollstrecken kann. Der vorgenannte Beschluss gewährleistet ein zügiges Wohngeldinkassoverfahren. Er muss allerdings einstimmig getroffen werden, um nicht anfechtbar zu sein. Die einfache Mehrheit reicht dafür nicht aus.

Zuständiges Gericht

Für ein Anfechtungsverfahren ist das Amtsgericht zuständig, in dessen Gerichtsbezirk sich die Eigentumswohnanlage befindet.

Wohnungseigentümerversammlung/Beschlussfassung

Auf Anfechtungsfrist achten!

Achtung: Innerhalb eines Monats nach der Beschlussfassung muss die Anfechtungsklage bei Gericht eingegangen sein. Diese Monatsfrist ist einzuhalten, egal ob Sie als Antragsteller an der Eigentümerversammlung teilgenommen haben oder nicht. Darüber hinaus müssen Sie die Gerichtskosten eingezahlt haben, damit das Gericht die Klage alsbald den Beklagten zustellen kann. Ansonsten besteht die Gefahr, dass die Klage als nicht zulässig abgewiesen wird.

Wird ein Wirtschaftsplan nicht beschlossen, so muss die Eigentümerversammlung sicherstellen, dass die Verwaltung der Wohnanlage ordnungsgemäß weitergeführt wird. Der Verwalter muss bezüglich der Einnahmen und Ausgaben, die in der Wohnanlage angefallen sind, einmal im Jahr Rechenschaft ablegen. Diese Abrechnung muss er unaufgefordert nach Ablauf des Wirtschaftsjahrs erstellen und vorlegen. Hierbei ist das Wirtschaftsjahr regelmäßig das Kalenderjahr.

Auf das Wirtschaftsjahr umstellen

Da die meisten Verwalter heutzutage nicht nur eine einzige Wohnanlage, sondern meistens mehrere bzw. größere Anlagen verwalten, kann es häufig zu zeitlichen Engpässen kommen. Damit die Verwalter entlastet werden und die Jahresabrechnungen, die sie für jede Wohnanlage stellen müssen, entzerrt werden, empfiehlt es sich, vom Kalenderjahr auf das Wirtschaftsjahr umzustellen. Dies kann auch für Sie als Kapitalanleger interessant sein, da Sie Ihren Mietern die Mietnebenkostenabrechnung frühzeitig vorlegen können. Dies ist insofern empfehlenswert, da die Mieter öfters Nachzahlungen für kommunale Ausgaben und Gebühren bezüglich Versorgungs- und Entsorgungsleitungen zu leisten haben.

> **Profi-Tipp:**
> Wenn Sie Ihre Eigentumswohnung vermieten, müssen Sie darauf achten, dass Sie den Abrechnungszeitraum für die Mietnebenkosten an das veränderte Wirtschaftsjahr anpassen.

Das ist bei der Tagesordnung wichtig!

Instandhaltung und Instandsetzung

Die zentrale Aufgabe der Verwaltung (Eigentümerversammlung, Verwalter, Verwaltungsbeirat) ist die Instandhaltung und Instandsetzung der Wohnanlage. Die Instandhaltung ist die Aufrechterhaltung des ursprünglichen Zustands der Wohnanlage durch pflegende, erhaltende und vorsorgende Maßnahmen. Hierzu gehört vor allem auch die Beseitigung von Mängeln, die durch Abnutzung, Alterung, Witterungseinflüsse oder sonstigem Verschleiß entstehen. Dies sind alle erforderlichen vorbeugenden Maßnahmen, auch Schönheitsreparaturen, durch welche die Wohnanlage an die modernen Wohnbedürfnisse angepasst wird. Hierzu gehört z. B. auch die Erweiterung der Antennenanlage sowie der Anschluss an sonstige technische Entwicklungen (BayObLG, ZMR 1981, 285).

Die Instandhaltung sollte auch unter dem Aspekt der Vermietbarkeit der Eigentumswohnung gesehen werden, so dass die Anlage auch für Mieter attraktiv und dadurch für den Wohnungseigentümer wirtschaftlich interessant bleibt.

Instandsetzung bedeutet demgegenüber die Wiederherstellung eines einmal vorhandenen ordnungsgemäßen Zustands (BayObLG, DWE 1982, 104). Dies ist also die Beseitigung von Schäden, die dadurch entstanden sind, dass eine Instandhaltung mangelhaft oder unzureichend durchgeführt wurde. Weitere mögliche Ursachen für die Entstehung dieser Schäden können auch außergewöhnliche Umstände und Ereignisse wie z. B. Hochwasser, Brand, Sturm, Erdrutsch, etc. sein.

> **Profi-Tipp:**
> Zur Erleichterung der Verwaltungstätigkeit und zur zügigen Ausführung kleiner Instandhaltungs- und Instandsetzungsarbeiten sollte die Wohnungseigentümergemeinschaft den Verwalter dazu ermächtigen, dass er geringfügige Instandhaltungs- und Instandsetzungsarbeiten ausführen kann, ohne vorher einen entsprechenden Beschluss der Eigentümergemeinschaft einholen zu müssen.

Wohnungseigentümerversammlung/Beschlussfassung

Instandhaltung schützt vor Haftungsfällen

Durch Instandhaltungsarbeiten ist ausgeschlossen, dass die Eigentümergemeinschaft bzw. den einzelnen Wohnungseigentümer keine Haftung trifft. Wenn ein Schaden am gemeinschaftlichen Eigentum zu einem Schaden eines Wohnungseigentümers führt, z. B. durch ein undichtes Dach entsteht ein Wasserschaden am Mobiliar, so hat die Gemeinschaft oder der Verwalter (BGH, NJW 1972, 1319) diesen Schaden zu ersetzen, falls ein Verschulden vorliegt. Also in dem Fall, dass der Schaden auf ein pflichtwidriges Unterlassen von Instandhaltungs- und Instandsetzungsarbeiten oder auf eine verzögerte Beseitigung des Schadens zurückzuführen ist (BayObLG, WE 1988, 108). Dabei ist ein Verschulden des Verwalters, jedoch nicht der Wohnungseigentümergemeinschaft zuzurechnen (OLG Frankfurt, DWE 1985, 122). Insofern ist es das Interesse eines jeden Wohnungseigentümers, dass die Anlage intakt gehalten wird, denn dadurch bleibt die Anlage für alle Beteiligten attraktiv und es besteht keine Gefahr einer möglichen Haftung.

Achtung: Größere Instandhaltungs- und Instandsetzungsarbeiten machen besondere Beschlusstexte nötig.

Für derartige Beschlusstexte ist eine konkrete Vorformulierung kaum möglich, da die individuellen Besonderheiten des Einzelfalls, die Ihre wirtschaftlichen Interessen berühren, hierbei zu berücksichtigen sind. In der folgenden Checkliste finden Sie aber sämtliche Punkte, auf die Sie achten sollten.

Das ist bei der Tagesordnung wichtig!

Checkliste: Beschlusstexte von größeren Instandhaltungs- und Instandsetzungsarbeiten

Grundlage
- Erforschung der Art und des Umfangs der Arbeiten
- Erforschung der Notwendigkeit und Dringlichkeit
- Erforschung der Finanzierungsmöglichkeit
- Diskussion der Pläne mit dem Verwaltungsbeirat

Beschlussverfahren
- Einberufung zur Eigentümerversammlung
- Beschluss über notwendige Arbeiten besonders in Hinblick auf: Umfang, Konsultation von Fachleuten, Zeitpunkt der Arbeitsausführung, Finanzierungsmöglichkeiten, Einholen von Kostenvoranschlägen, Nebenkosten
- Beschluss über Auftragserteilung im Hinblick auf Auswahl des Unternehmers, Leistungsumfang, Vertragsmodus, Termine und Fristen, Gewährleistung und Vertragsstrafen, Sicherheiten, Kontrolle und Abnahme der Arbeit, Einbehalte, Beweissicherungsverfahren, Mängelrügen, Zahlung und Zahlungsmodalitäten, Reisekosten des Verwalters
- Bericht des Verwalters über die Durchführung und den Ablauf der Instandhaltungs- und Instandsetzungsarbeiten

---

Instandhaltungsrücklagen

Die Instandhaltungsrücklage ist die vorsorgliche Ansammlung von Kapital durch die Wohnungseigentümer, welches zur Deckung künftiger Instandhaltungs- und Instandsetzungskosten benötigt wird. Hierbei ist die Entstehung der Kosten dem Grund nach sicher, der Zeitpunkt und die Höhe der Kosten ist aber ungewiss. Die Bildung von Instandhaltungsrücklagen ist insofern sinnvoll, da durch die Rücklagen weniger zahlungskräftige Wohnungseigentümer

Wohnungseigentümerversammlung/Beschlussfassung

nicht durch Einmalzahlung der anfallenden Kosten in finanzielle Notlagen geraten. Zugleich sollen die Rücklagen verhindern, dass die Eigentumswohnanlage wegen fehlender Mittel verwahrlost. Gemäß § 21 Abs. 5 Nr. 4 WEG ist es eine Aufgabe der ordnungsgemäßen Verwaltung, angemessene Instandhaltungsrücklagen zu bilden. Bei größeren Wohnanlagen sollte aber vereinbart werden, dass die Rücklagen für jedes Gebäude getrennt angesammelt werden (BayObLG, WE 1988, 71).

Höhe der Rücklage nach Miteigentumsanteil

Jeder Wohnungseigentümer muss nach dem Verhältnis seines Miteigentumsanteils zur Rücklagenbildung beitragen. Zur Höhe der Instandhaltungsrücklagen sagt das Gesetz nur, dass eine „angemessene Rücklagenbildung" zur ordnungsgemäßen Verwaltung gehört. Darüber, was jedoch „angemessen" ist, schweigt das Gesetz. Insofern muss von Fall zu Fall entschieden werden, was als „angemessen" angesehen werden kann. Hierbei bemisst sich die Angemessenheit nach den konkreten Verhältnissen der betreffenden Wohnanlage (BayObLG, DWE 1985, 57).

Ausschlaggebend sind dabei die folgenden Punkte:

- Baulicher Zustand der Anlage
- Alter des Gebäudes
- Reparaturanfälligkeit
- Gemeinschaftliche Einrichtungen
- Wirtschaftliche Verhältnisse der Eigentümer

Anhaltspunkt sozialer Wohnungsbau

Die Bestimmungen des sozialen Wohnungsbaus können als Anhaltspunkte und Erfahrungswerte herangezogen werden. In der Regel wird ein Betrag von 5 bis 7 EUR je Quadratmeter und Jahr als angemessen angesehen. Es widerspricht jedoch den Grundsätzen

Das ist bei der Tagesordnung wichtig!

der ordnungsgemäßen Verwaltung, wenn ungebührend hohe oder niedrige Rücklagen gebildet werden.

Wenn sich nun herausstellt, dass die gegenwärtigen Rücklagen zu gering sind und eine Anhebung der Instandhaltungsrücklage notwendig erscheint, könnte man die Erhöhung der Rücklage beschließen.

Regelmäßig schlägt der Verwalter – mit gutem Grund – eine Anhebung der Rücklage vor. Die Mehrheit der Wohnungseigentümer will diesem Vorschlag jedoch meistens nicht folgen.

Profi-Tipp:

- Wenn Sie eine Anhebung der Instandhaltungsrücklage befürworten, sollten Sie darauf drängen, dass der Verwalter einen entsprechenden Hinweis in der Versammlungsniederschrift (Protokoll) aufnimmt.

- Durch diesen Hinweis werden möglicherweise andere Wohnungseigentümer dazu veranlasst, der Anhebung der Rücklage zuzustimmen.

Wichtig: Hilfreich ist der in das Protokoll aufgenommene Hinweis jedenfalls dann, wenn es darum geht, eine Sonderumlage wegen benötigter Mittel für Instandhaltungsarbeiten durchzusetzen. Den Wohnungseigentümern, die sich nun der Anhebung widersetzen, wird es dadurch erschwert, später eine deshalb notwendig werdende Sonderumlage zu blockieren. Es empfiehlt sich, diesen Wohnungseigentümern dann durch Vorlage der Versammlungsniederschrift ihre frühere Verweigerungshaltung aufzuzeigen.

Rücklage muss zinsgünstig angelegt werden

Der Verwalter hat die Rücklage bis zur Beschlussfassung, aufgrund der Beschlussfassung über die Ansammlung einer Rücklage, kurzfristig und zinsgünstig anzulegen (a. A. LG Bonn, DWE 1985, 127: Ohne ausdrücklichen Auftrag der Eigentümergemeinschaft ist der Verwal-

Wohnungseigentümerversammlung/Beschlussfassung

ter weder berechtigt noch verpflichtet, die Instandhaltungsrückstellung selbstständig zinsbringend anzulegen, auch wenn er sich im Verwaltervertrag zu einer Verwaltung der Gelder der Gemeinschaft mit der Sorgfalt eines ordentlichen Kaufmanns verpflichtet hat.).

> **Profi-Tipp:**
> Grundsätzlich empfiehlt es sich, die Mittel der Instandhaltungsrücklage kurzfristig bzw. mittelfristig Gewinn bringend anzulegen.

Bei der Instandhaltungsrücklage handelt es sich um Verwaltungsvermögen. Der Verwalter hat dieses Vermögen gemäß § 27 Abs. 5 WEG auf einem offenen Fremdkonto zu führen und gesondert von seinem eigenen Vermögen und dem Vermögen anderer Gemeinschaften zu halten. Es ist zweckmäßig, aber nicht zwingend erforderlich, dass dieses Geld auf einem vom laufenden Girokonto getrennten Konto angelegt wird (KG, WE 1987, 195).

Sonderumlagen, Pflege des Gemeinschaftseigentums

Eine Sonderumlage kann zur Behebung von Liquiditätsschwierigkeiten der Gemeinschaft beschlossen werden (BayObLG, WEM 1982, 112). Liquiditätsschwierigkeiten können dadurch entstehen, wenn der Wirtschaftsplan unrichtig war oder durch neue Tatsachen überholt ist bzw. der Wirtschaftsplan aus anderen Gründen nicht mehr durchgeführt werden kann. So kann eine Sonderumlage innerhalb des Wirtschaftsplans oder neben diesem zusätzlich zu den monatlichen Wohngeldzahlungen als eine einmalige Zahlung erhoben werden. Wenn diese Sonderumlage zur Deckung eines Wohngeldausfalls dient, ist auch der Wohnungseigentümer anteilig einzubeziehen, der den Ausfall verursacht hat und über dessen Vermögen Insolvenz eröffnet ist (BGH, NJW-RR 1990, 17). Aber Sonderumlagen können auch bei akutem Reparaturbedarf beschlossen werden. Hierbei ist sie im Zweifelsfall sofort fällig (KG, NJW-RR 1991, 912). Voraussetzung für diese Sonderumlage ist ein Mehrheitsbeschluss der Wohnungseigentümer. Ausnahme hierfür ist, dass der Verwalter von der Eigentümerversammlung allgemein zur Erhebung von Sonderumlagen ermächtigt worden ist.

Beschluss der Sonderumlage

Der Beschluss, eine Sonderumlage zu erheben, ist auch dann gültig, wenn der Verteilungsschlüssel und die Belastung des einzelnen Wohnungseigentümers in ihm nicht angegeben sind (BayObLG, NJW 1993, 603). In diesem Fall ist der Gesamtbetrag nach dem allgemein geltenden Schlüssel auf die Wohnungseigentümer zu verteilen.

Sinn einer Sonderumlage kann es auch sein, notwendige Mittel für Instandhaltungs- oder Instandsetzungsarbeiten aufzubringen. Üblicherweise werden die auf den einzelnen Wohnungseigentümer entfallenden Teilbeträge nach den Miteigentumsanteilen berechnet. Die Sonderumlage ist in der Regel mit der Beschlussfassung fällig und auf das Gemeinschaftskonto einzuzahlen. Ist jedoch zu erkennen, dass die Sonderumlage nicht sofort, sondern erst einige Monate später benötigt wird, so kann die Eigentümerversammlung einen alternativen Beschluss zur späteren Zahlung der bereits beschlossenen Sonderumlage fassen.

Wichtig: Größere Instandhaltungs- und Instandsetzungsarbeiten dürfen vom Verwalter erst vergeben werden, wenn ihm die dafür erforderlichen Geldmittel zur Verfügung stehen. Nur in Unglücksfällen, in denen schnelles Handeln geboten ist, kann eine Ausnahme akzeptiert werden.

Entlastung des Verwalters

Indem die Eigentümergemeinschaft die Jahresabrechnung billigt, erteilt sie dem Verwalter Entlastung und billigt dadurch auch sonstige Verwaltungshandlungen des Verwalters. Durch die Billigung, Entlastung werden jegliche Ansprüche gegen den Verwalter ausgeschlossen, die bei zumutbarer Sorgfalt für die Wohnungseigentümer erkennbar gewesen wären (BayObLG, WE 1990, 147). Dies sind insbesondere Schadensersatzansprüche, aber auch An-

Wohnungseigentümerversammlung/Beschlussfassung

sprüche aus ungerechtfertigter Bereicherung oder Ansprüche aus Geschäftsführung ohne Auftrag. Des Weiteren ist der Verwalter, dem Entlastung erteilt wurde, von der Verpflichtung befreit, weitere Auskünfte über Vorgänge zu erteilen, die Gegenstand der Entlastung waren (OLG Celle, DWE 1985, 25). Es sei denn, die Wohnungseigentümer haben ein berechtigtes Interesse an der Auskunft. Das trifft dann zu, wenn ein Wohnungseigentümer eine Betriebskostenausgabe in Zusammenhang mit einer Abrechnung gegenüber seinem Mieter erklären muss. Das Recht auf Einsicht in die Verwaltungsunterlagen wird durch die Entlastung nicht eingeschränkt (OLG Hamm, DWE 1986, 24).

Wenn nicht unter einem gesonderten Tagesordnungspunkt über die Entlastung des Verwalters abgestimmt wird, ist die Genehmigung der Jahresabrechnung durch die Eigentümerversammlung auch die Entlastung des Verwalters. Dem Verwalter kann aber auch gesondert Entlastung erteilt werden.

Achtung: Ein strafbares Verhalten des Verwalters begründet stets Schadensersatzansprüche, auch wenn die Entlastung erteilt wurde (OLG Celle, NJW-RR 1991, 979).

8. Wer hat welchen Stimmanteil?

Nach dem sogenannten Kopfprinzip des § 25 Abs. 2 WEG hat jeder Wohnungseigentümer unabhängig von der Größe seiner Wohnung nur eine Stimme. Steht das Wohnungseigentum mehreren Wohnungseigentümern gemeinsam zu, wie z. B. bei Eheleuten oder Erbengemeinschaften, so hat jeder Teileigentümer eine Stimme. Dieses Kopfprinzip des WEG weicht jedoch von der allgemeinen Regelung des BGB ab. Mit der Regelung des Kopfprinzips wollte der Gesetzgeber vermeiden, dass kapitalkräftige Eigentümer größere Wohnungen erwerben, und von vornherein ein Übergewicht gegenüber den Eigentümern kleinerer Wohnungen haben. Dieses gesetzliche Stimmrecht muss aber nicht eingehalten werden. Es kann eine abweichende Regelung vereinbart werden (BGHZ 49,

Wer hat welchen Stimmanteil?

250). Meist wird schon eine abweichende Regelung in der Teilungserklärung oder Gemeinschaftsordnung getroffen. Diese geht dann der gesetzlichen Regelung vor (BayObLG, MDR 1980, 142).

Mögliche Regelungen

Als von dem Kopfprinzip abweichende Prinzipien gibt es das

- Real- bzw. Objektprinzip, in dem jedem Wohnungs- und Teileigentümer eine Stimme gewährt wird.
- Wertprinzip, bei dem sich das Stimmrecht an der Größe des jeweiligen Miteigentumsanteils bemisst.

In der Regel wird dem Stimmrecht nach dem Wertprinzip der Vorzug gegeben, denn es entspricht in den meisten Fällen den wirtschaftlichen Belangen des Wohnungseigentümers, da vor allem Kosten gerechter verteilt und abgerechnet werden können. Wer sich eine große Wohnung leisten kann, der kann sich, so der Grundgedanke, einen größeren finanziellen Anteil am Hausgeld leisten. Wenn das Wertprinzip eingeführt ist, dann gilt es auch für Abstimmungen, wie z. B. für die Abberufung oder Bestellung des Verwalters.

Rechtsprechung

Wenn der Versammlungsvorsitzende ein Abstimmungsergebnis nach einem anderen als nach den in der Gemeinschaftsordnung bestimmten Modus festhält, z. B. nach dem Kopfprinzip, so kann der Beschluss nicht mit Erfolg angefochten werden, wenn feststeht, dass der Beschluss genauer nach der vereinbarten Stimmrechtsregelung zustande gekommen wäre (BayObLG, WE 1988, 205; OLG Schleswig, DWE 1989, 143). Wenn dies aber nicht mehr feststellbar ist, ist der angefochtene Beschluss auf Antrag vom Gericht gemäß § 23 Abs. 4 WEG für ungültig zu erklären.

Stimmenthaltung

Gemäß der Rechtsprechung des BGH (NJW 1989, 1090) zählen Stimmenthaltungen bei der Berechnung der Stimmenmehrheit nicht mit. Bei der Beschlussfassung ist also die Mehrheit nur nach den ab-

Wohnungseigentümerversammlung/Beschlussfassung

gegebenen Ja- und Neinstimmen zu berechnen. Wer sich nämlich der Stimme – egal aus welchem Grund – enthält, will auf die Beschlussfassung nicht anders einwirken, als wenn er der Versammlung ferngeblieben wäre oder sich der Abstimmung ferngehalten hätte.

Beispiel:

Eine Eigentümerversammlung besteht aus 16 stimmberechtigten Personen. Die Abstimmung lautet 8 Ja- zu 5 Neinstimmen. Ein Wohnungseigentümer enthielt sich der Stimme und zwei Wohnungseigentümer stimmten nicht mit ab. In diesem Fall ist ein Mehrheitsbeschluss zustande gekommen.

Stimmrechtsmajorisierung

Eine Majorisierung ist gegeben, wenn ein einzelner Wohnungseigentümer über ein Stimmenübergewicht und eine Kumulierung von Stimmrechten verfügt.

Beispiel:

Das Stimmrecht bestimmt sich nach dem Wertprinzip, und die Mehrzahl der Eigentumswohnungen befindet sich noch in Besitz des Bauträgers. Der Bauträger hat insofern einen beherrschenden Einfluss und kann die anderen Wohnungseigentümer überstimmen. Man spricht von einer „Majorisierung der Minderheit". In diesen Fällen ist oft die Gefahr des Missbrauchs gegeben.

Rechtsmissbrauch

Hier ist zwar nach dem vereinbarten **Stimmrecht abzustimmen**, aber es ist stets zu prüfen, ob die anderen **Wohnungseigentümer** rechtsmissbräuchlich überstimmt worden sind. Ein solcher majorisierender, rechtsmissbräuchlicher Mehrheitsbeschluss ist auf Anfechtungsantrag hin nach § 23 Abs. 4 WEG für ungültig zu erklären. Dabei müssen die Mehrheitseigentümer darlegen, dass durch die

Wer hat welchen Stimmanteil?

rechtsmissbräuchliche Ausübung des Stimmrechts eine ordnungsgemäße Verwaltung blockiert wird (OLG Düsseldorf, OLGZ 1984, 289; KG, NJW-RR 1987, 268). Ein Rechtsmissbrauch ist in aller Regel gegeben, wenn ein Eigentümer sein absolutes Stimmenübergewicht dazu verwendet, um die Wahl eines ihm persönlich verbundenen Verwalters durchzusetzen, ohne Auskunft über dessen Person und Eignung zur Verwaltung zu geben, bzw. ohne den anderen Wohnungseigentümern die Möglichkeit zu geben, den künftigen Verwalter persönlich kennenzulernen (KG, WE 1989, 168).

Achtung: Es kann deshalb sein, dass ein Bauträger seine Stimmenmehrheit rechtsmissbräuchlich dazu verwendet, um einen ihm wirtschaftlich oder persönlich verbundenen Verwalter durchzusetzen. Dies könnte für den Bauträger von Bedeutung sein, wenn es darum geht, Gewährleistungsansprüche der Eigentümergemeinschaft zu hintertreiben (OLG Düsseldorf, WE 1997, 311).

Stimmengleichheit

Die Anzahl der stimmberechtigten Wohnungseigentümer, die in der Eigentümerversammlung anwesend sind, ist ausschlaggebend für die Berechnung der Stimmenmehrheit. Das bedeutet, dass nicht etwa die Anzahl aller Wohnungseigentümer für die Mehrheit ausschlaggebend ist, sondern nur die Anzahl derer, die an der Eigentümerversammlung teilnehmen. Ein Antrag gilt als abgelehnt, wenn es zu einer Pattsituation, zu Stimmengleichheit kommt. In diesem Fall ist der Beschluss nicht zustande gekommen.

Achtung: Ist die Eigentümerversammlung durch eine sich immer wiederholende Stimmengleichheit blockiert, so muss das Gericht entscheiden. Hierfür ist das Amtsgericht zuständig, in dessen Bezirk die Wohnanlage liegt. Solche Blockaden der Verwaltung können insbesondere bei kleineren Eigentümergemeinschaften eintreten. Ein Fallbeispiel hierfür wäre eine Wohnungsanlage, die aus zwei gleich großen Einheiten besteht. Deren Eigentümer liegen im Zwist und blockieren sich daher bei der Abstimmung gegenseitig.

Wohnungseigentümerversammlung/Beschlussfassung

Stimmrecht bei Mehrhauswohnanlagen

Eine sogenannte Mehrhauswohnanlage ist gegeben, wenn mehrere, auf einem Grundstück errichtete Wohngebäude in Wohnungseigentum aufgeteilt sind, so dass es mehrere selbstständige Gebäude innerhalb einer Eigentümergemeinschaft gibt. Hierbei ist es gleichgültig, ob diese als Reihenhäuser errichtet sind oder frei stehen.

Für Beschlüsse über Angelegenheiten, die nur eine Gruppe von Wohnungseigentümern betrifft, ist das Stimmrecht auf diejenigen Beteiligten zu beschränken, die hiervon auch betroffen sind (BGHZ 74, 258). Hauptanwendungsfälle sind Beschlüsse, die Fragen des Gebrauchs und der Nutzung gemäß § 15 Abs. 2 WEG (OLG Stuttgart, WEM 1985, 77) regeln. Dies ist z. B. der Fall, wenn Beschluss gefasst werden soll über die Erlaubnis, eine Wohnung als Gewerberaum oder für freiberufliche Zwecke nutzen zu dürfen, oder über die Nutzung der Waschküche eines Wohnblocks, die nur zum Gebrauch dieser Wohnblocks bestimmt ist (BayObLG, WEM 1981, 38).

Solche Fragen können deshalb in einer Teilversammlung entschieden werden. Die restlichen Wohnungseigentümer haben keinen Anspruch auf Einladung zu einer solchen Teilversammlung und sie dürfen sich an dieser nicht beteiligen.

Ruhen des Stimmrechts

Das Stimmrecht kann nach § 25 Abs. 5 WEG ruhen, wenn die Ausübung des Stimmrechts wegen einer Interessenskollision ausgeschlossen ist.

Beispiel:

Mit Wohnungseigentümer Hemmerlein soll ein Verwaltungsvertrag abgeschlossen werden. Herr Hemmerlein ist bei dieser Abstimmung anwesend, darf aber bei dieser Entscheidung nicht mitstimmen, da sie ihn selbst betrifft.

Wer hat welchen Stimmanteil?

Ausschluss vom Stimmrecht

Das Stimmrecht ist auch dann ausgeschlossen, wenn ein Rechtsstreit von der Wohnungseigentümergemeinschaft gegen ihn eingeleitet werden soll. Ist ein Wohnungseigentümer von der Abstimmung ausgeschlossen, so kann er trotzdem an der Versammlung teilnehmen. Dieses Verbot der Stimmrechtsausübung kann nicht durch eine Vereinbarung modifiziert werden.

Ruhen des Stimmrechts

In der Gemeinschaftsordnung kann jedoch festgelegt werden, dass das Stimmrecht eines Wohnungseigentümers ruht, wenn ein wichtiger Grund vorhanden ist, wie z. B. ein Rückstand bei den Hausgeldzahlungen von mehr als einem Monat. Solche Stimmrechtseinschränkungen, die von großer Bedeutung sein können, sind von der Eigentümergemeinschaft mit größter Zurückhaltung zu behandeln.

> **Profi-Tipp:**
>
> Wohnungseigentümer, deren Stimmrecht ruht, können trotzdem an der Eigentümerversammlung teilnehmen und sich an der Diskussion beteiligen.

Für den Fall, dass ein von der Abstimmung ausgeschlossener Wohnungseigentümer dennoch an der Abstimmung mitwirkt, ist der Beschluss auf Antrag gemäß § 23 Abs. 4 WEG für ungültig zu erklären, wenn seine Stimme für das Abstimmungsergebnis entscheidend war (BayObLG, ZMR 1980, 148).

Der Wohnungseigentümer, der vom Ruhen des Stimmrechts betroffen ist, kann die von der Eigentümerversammlung gefassten Beschlüsse aber anfechten oder bestimmte Maßnahmen nach § 43 Abs. 2 WEG herbeiführen. Seine Befugnis ist auf Kontrolle der

Wohnungseigentümerversammlung/Beschlussfassung

Beschlüsse nach den Grundsätzen der ordnungsgemäßen Verwaltung begrenzt, er darf die Beschlüsse nicht auf ihre Zweckmäßigkeit kontrollieren.

9. Wann ist eine Eigentümerversammlung beschlussfähig?

Nach § 25 Abs. 3 WEG ist die Beschlussfähigkeit der Eigentümerversammlung nur dann gegeben, wenn die erschienenen und zulässig vertretenen Wohnungseigentümer mehr als die Hälfte der Miteigentumsanteile vertreten (KG, OLGZ 1974, 419). Wenn ein Wohnungseigentümer nach § 25 Abs. 5 WEG von der Abstimmung ausgeschlossen ist, ist dieser bei der Feststellung der Beschlussfähigkeit zu dem betreffenden Beschluss nicht mitzurechnen (BayObLG, WE 1989, 64). Wenn nun mehr als die Hälfte der Wohnungseigentümer von der Abstimmung ausgeschlossen ist, ist jedenfalls die Hälfte der nicht ausgeschlossenen Wohnungseigentümer beschlussfähig (BayObLG, ZMR 1988, 149).

In der Gemeinschaftsordnung können jedoch die Wohnungseigentümer eine abweichende Vereinbarung zur Beschlussfähigkeit treffen (BayObLGZ 1981, 50; BayObLG, WE 1994, 189). So kann z. B. beschlossen werden, dass jede Versammlung ohne Rücksicht auf die Zahl der anwesenden, vertretenen Eigentümer beschlussfähig ist oder dass nur Inhaber von 3/4 aller Miteigentumsanteile beschlussfähig sein soll.

Zu Beginn der Versammlung hat der Vorsitzende die Beschlussfähigkeit zu prüfen und festzustellen.

Achtung: Die Voraussetzungen der Beschlussfähigkeit müssen zum Zeitpunkt jeder einzelnen Abstimmung vorliegen (BayObLG, WE 1989, 64). Bei einer Beschlussfassung mit weniger als der Hälfte der Miteigentumsanteile ist dieser gefasste Beschluss anfechtbar (BayObLGZ 1981, 50).

> **Profi-Tipp:**
> Ist der Fall eingetreten, dass mehrere Wohnungseigentümer den Versammlungsort verlassen haben, sollten Sie beantragen, dass nun erneut die Beschlussfähigkeit der Versammlung festzustellen ist. Dies ist zwar ein ärgerliches und zeitraubendes Verfahren, aber es gibt der Eigentümerversammlung die Sicherheit, dass sie eventuell noch beschlussfähig ist. Dieses Verfahren der erneuten Feststellung der Beschlussfähigkeit lässt sich aber dadurch umgehen, dass die einmal festgestellte Beschlussfähigkeit durch Festhalten der neu erscheinenden sowie der raumverlassenden Eigentümer ständig mitgeschrieben wird. Mit dieser Aufgabe ist der Beirat zu beauftragen.

Eine beschlussunfähige Eigentümerversammlung kann dadurch gerettet werden, dass der Verwalter nach der ersten Versammlung eine neue Versammlung mit dem gleichen Gegenstand, also den gleichen Tagesordnungspunkten einberuft. Diese erneute Versammlung ist gemäß § 25 Abs. 4 WEG ohne Rücksicht auf die Zahl der erschienenen oder vertretenen Wohnungseigentümer beschlussfähig, wenn hierauf im Einberufungsschreiben hingewiesen wurde.

10. Der schriftliche Beschluss

Die Wohnungseigentümer können in ihrer Gesamtheit ohne Versammlung einen gültigen Beschluss treffen. Hierbei muss jeder einzelne Wohnungseigentümer seine Zustimmung zu diesem Beschluss im Umlaufverfahren schriftlich erklären. Der schriftliche Beschluss ist erst dann wirksam, wenn die letzte Einverständniserklärung beim Verwalter vorliegt.

Für einen solchen Beschluss ist immer Einstimmigkeit erforderlich. Der Beschluss kommt erst dann zustande, wenn ihm alle Wohnungseigentümer zustimmen.

Wohnungseigentümerversammlung/Beschlussfassung

Achtung: Im schriftlichen Beschlussverfahren müssen grundsätzlich alle Wohnungseigentümer dem Beschluss zustimmen. Dies gilt auch dann, wenn diese Angelegenheit normalerweise mit Stimmenmehrheit in der Eigentümerversammlung hätte entschieden werden können.

11. Bezeichnung des Beschlussgegenstands

Damit die Eigentümerversammlung gültig über einen Beschluss entscheiden kann, muss gemäß § 23 Abs. 2 WEG der Gegenstand des Beschlusses bei der Einberufung bezeichnet worden sein. Das Ladungsschreiben bereitet die Eigentümerversammlung vor und soll die Versammlungsteilnehmer in die Lage versetzen, dass sie sich auf die Versammlung vorbereiten können. Für die Eigentümerversammlung ergibt sich aus den angekündigten Beschlussgegenständen die Tagesordnung.

In der Regel muss nicht der Wortlaut der Beschlussanträge mitgeteilt werden, sondern das Wissen vermittelt werden, zu welchem Gegenstand oder Thema Beschluss gefasst werden soll. Hierbei ist insbesondere das Informationsbedürfnis der Wohnungseigentümer abzudecken. Sie müssen durch das Beschlussthema in der Lage sein, sich auf dieses Thema gründlich vorzubereiten.

Eine schlagwortartige Bezeichnung des vorgesehenen Beschlussthemas reicht dann aus, wenn

- der gegenständliche Inhalt der möglichen Beschlussfassung zum Ausdruck kommt, wie z. B. „Abberufung des Verwalters aus wichtigem Grund", „Wahl eines neuen Verwalters";

- eine der Gemeinschaft wohl bekannte Situation damit verbunden wird, z. B. „Instandsetzung des Daches", sofern ein bestimmter Mangel bereits bekannt ist.

Bezeichnung des Beschlussgegenstands

Überblick über die Rechtsprechung zur Bezeichnung des Beschlussgegenstands

Nachfolgend sind verschiedene Beschlussgegenstände und ihre Beurteilungen aufgeführt.

Zureichende Bezeichnungen des Beschlussgegenstands

Bezeichnung des Beschlussgegenstands	Beurteilung
„Straßenbau" BayObLG, MDR 1973, 584	Eine solche Bezeichnung ist ausreichend, wenn der mangelhafte Ausbau durch die Gemeinde schon früher ein Gegenstand der Beratung war, und in der einberufenen Versammlung der Verwalter und weitere Personen ermächtigt werden, hinsichtlich des Straßenausbaus geeignet erscheinende Maßnahmen zu ergreifen.
„Hausfassade, Rückseite" BayObLG, MDR 1973, 584	Eine solche Bezeichnung ist ausreichend, wenn die Wohnungseigentümer durch den Verwalter schon vorher in einem Rundschreiben von der Schadhaftigkeit der Fassade in Kenntnis gesetzt wurden, und in der Eigentümerversammlung beschlossen wird, Gewährleistungsansprüche gegen den Bauunternehmer wegen der Mängel der Fassade gerichtlich geltend zu machen.
„Wahl eines Verwalters ab dem 01.07.1979" BayObLG, MDR 1982, 58	Diese Bezeichnung deckt nicht nur die Wahl des Verwalters ab, sondern auch eine Beschlussfassung, welche die wesentlichen Bedingungen des Verwaltervertrags betrifft.
„Erstellung von dringend notwendig gewordenen Stellplätzen" OLG Stuttgart, NJW 1974, 2137	Diese Bezeichnung ist ausreichend, wenn die Problematik der Abstellplätze in einem vorausgehenden Rundschreiben erörtert wurde und den Wohnungseigentümern die

Wohnungseigentümerversammlung/Beschlussfassung

noch: Zureichende Bezeichnungen des Beschlussgegenstands

Bezeichnung des Beschlussgegenstands	Beurteilung
	erteilte Baugenehmigung mitgeteilt wurde. Insofern ist bei der Bezeichnung des Beschlussgegenstands keine Angabe darüber notwendig, wie viel und welche Stellplätze wo angelegt und wem sie unter welchen Bedingen zugewiesen werden sollen.
„Wärmeisolierung der Hausaußenwand" OLG Frankfurt, OLGZ 1980, 418	Eine solche Bezeichnung reicht für die Beschlussfassung aus, dass die Außenwand wärmeisoliert werden soll. Die Wohnungseigentümer können sich nicht darauf berufen, dass eine Abstimmung zu dieser Frage nicht beabsichtigt gewesen ist.
„Reinigung des Treppenhauses" AG Lüdenscheid, WM 1985, 35	Diese Bezeichnung erlaubt die Regelung, dass nicht mehr einzelne Haushalte nach einem Reinigungsplan reinigen, sondern durch eine Eigentümerin gegen Entgelt geputzt wird. Es ist nicht nur eine kostenneutrale Entscheidung durch die Ankündigung gedeckt.
„Anstricharbeiten im Bereich der Balkone, soweit diese in den Bereich des Wohnungseigentums fallen" LG Flensburg, DWE 1989, 70	Hierdurch wird ein Beschluss gedeckt, der die Eigentümergemeinschaft mit den Kosten im Bereich der Balkone zur Sanierung ihrer tragenden Teile einschließlich der Isolierungsschicht, des Fensteranstrichs und des Oberflächenanstrichs belastet.
„Genehmigung des Wirtschaftsplans für einen abgelaufenen Zeitraum" KG, WM 1990, 367	Diese Bezeichnungen decken auch eine weitere Beschlussfassung ab, wonach der Wirtschaftsplan fortgesetzt werden soll, bis ein neuer Wirtschaftsplan beschlossen ist. Eine solche Beschlussfassung bedarf keiner besonderer Vorbereitung.

Bezeichnung des Beschlussgegenstands

noch: Zureichende Bezeichnungen des Beschlussgegenstands

Bezeichnung des Beschlussgegenstands	Beurteilung
„Beschlussfassung über den Wirtschaftsplan" BayObLG, WM 1991, 312	Hierdurch wird abgedeckt, dass über die anteilsmäßige Verpflichtung der Wohnungseigentümer zur Lasten- und Kostentragung einschließlich der Instandhaltungsrückstellung entschieden wird. Ebenfalls ist eine Beschlussfassung, die lediglich die Wohngeldzahlungen in der bisherigen Höhe bestimmt, damit ausreichend angekündigt.
„Verlängerung des Verwaltervertrags" BayObLG, WM 1992, 331	Diese Bezeichnung schließt eine Beschlussfassung zur Neubestellung des bisherigen Verwalters ein.
„Genehmigung des Beschlusses Tagesordnungspunkt 5, 4 vom 17.03.1989 über die Aufnahme eines Kontokorrentkredits bis zur Höhe von 10.000,– DM" OLG Hamm, DWE 1992, 35	Diese Bezeichnung ist ausreichend, wenn allen Wohnungseigentümern bekannt ist, dass der Sollstand der Gemeinschaft bei der Bank 2.525,26 DM betrug und diese sich weigerte, Schecks und Überweisungen einzulösen.

Überblick über unzureichende Bezeichnungen des Beschlussgegenstands

Es gibt daneben nicht ausreichende Bezeichnungen des Beschlussgegenstands, die dann z. B. eine Beschlussfassung nicht zulassen.

Unzureichende Bezeichnungen des Beschlussgegenstands	
Bezeichnung des Beschlussgegenstands	Beurteilung
„Antrag auf Verbreiterung der Terrasse des Raumeigentümers H." BayObLG, WM 1989, 202	Diese Bezeichnung war nicht ausreichend, da der Beschluss gefasst worden ist, dass die Terrassen der Wohnungseigentümer H. und K. verbreitert und die Treppe seitlich gelegt werden soll.

Wohnungseigentümerversammlung/Beschlussfassung

noch: Unzureichende Bezeichnungen des Beschlussgegenstands

Bezeichnung des Beschlussgegenstands	Beurteilung
„Änderung der Hausordnung" OLG Köln, DWE 1988, 24	Hierdurch wird nicht die Änderung der Hausordnung zu einzelnen Punkten abgedeckt, wenn diese sich aus einer großen Zahl von Verhaltensnormen in 15 Gruppen zusammensetzt. Für die ausreichende Bezeichnung wäre es notwendig gewesen, den Punkt der Hausordnung zu bezeichnen, der mit der vorhergehenden Beschlussfassung geändert werden soll.
„Wohngelderhöhung" BayObLG, DWE 1979, 59	Diese Bezeichnung ließ nicht genügend erkennen, dass das Wohngeld nicht allgemein erhöht werden sollte, sondern nur für einen Ladeneigentümer. Diese Ankündigung deckte daher nicht die Beschlussfassung, denn es sollte ausschließlich ein Ladeneigentümer mit einer Erhöhung von 50 % belastet werden.
„Verschiedenes" BayObLG, ZMR 1985, 29	Diese Bezeichnung deckt keine Beschlussfassung, welche die Verwendung eines gemeinschaftlichen Tischtennisraums als Geräteraum bestimmt. Dies auch dann nicht, wenn man der Auffassung ist, dass ein Tagesordnungspunkt „Verschiedenes" die Willensbildung zu untergeordneten Angelegenheiten zulässt.
„Verschiedenes" BayObLG, WM 1990, 321	Unter dieser Bezeichnung kann kein Beschluss über den Standort eines Müllcontainers gefasst werden, denn die von diesem Müllcontainer ausgehende Lärm- und Geruchsbelästigungen betreffen die einzelnen Wohnungseigentümer unterschiedlich stark. Insofern konnte keiner der geladenen Eigentümer sich auf die Beschlussfassung einstellen.

noch: Unzureichende Bezeichnungen des Beschlussgegenstands

Bezeichnung des Beschlussgegenstands	Beurteilung
„Konkretisierung der Hausordnung hinsichtlich der Benutzung des Kellerraums im Einzelfall – Diskussion und Beschlussfassung" OLG Köln, WM 1991, 615	Eine solche Bezeichnung lässt nur eine Entscheidung zur Benutzung der Kellerräume zu. Nicht jedoch eine berufliche Nutzung, die ein bestimmtes Sondereigentum schlechthin betrifft.
„Verschiedene Anträge" BayObLG, WM 1992, 90	Mit dieser Bezeichnung können nur Beschlüsse von geringer Bedeutung gefasst werden. Insofern ist kein Beschluss angekündigt, der einen Raumeigentümer zu einer Zahlung von 1.000,– DM verpflichtet. Dies auch dann nicht, wenn die der Verpflichtung zugrunde liegenden Kosten schon unter einem anderen angekündigten Tagesordnungspunkt beraten wurden.

12. Voraussetzungen für die Einberufung einer Wohnungseigentümerversammlung

Grundsätzlich enthalten die §§ 23 bis 25 WEG die allgemeinen Voraussetzungen für die Einberufung einer Wohnungseigentümerversammlung.

Aber auch hier können die Wohnungseigentümer durch einstimmigen Beschluss abweichende Vereinbarungen treffen. Da die Wohnungseigentümer in der Eigentümerversammlung über Gemeinschaftsaufgaben entscheiden, muss berücksichtigt werden, dass schon die Einberufung zur Eigentümerversammlung eine Gemeinschaftsaufgabe ist. Demnach ist ganz allgemein eine Eigentümerversammlung geboten, wenn sich eine Entschlussfassung zu einem Entscheidungsgegenstand zu einer gemeinschaftsrechtlichen Angelegenheit als notwendig erweist. Die Wohnungseigentümer sind demnach zur Erfüllung dieser speziellen Gemeinschaftsaufgabe berechtigt, über ein gemeinsames Handeln die Eigentümerversamm-

Wohnungseigentümerversammlung/Beschlussfassung

lung zustande zu bringen. Ein Handeln einer wie auch immer gearteten Mehrheit genügt nicht.

Die Wohnungseigentümer sind aber andererseits auch berechtigt Handlungen vorzunehmen, die zum Zustandekommen einer Eigentümerversammlung erforderlich sind. Diese Grundkonzeption wird allerdings dadurch überdeckt, dass § 24 Abs. 1 WEG diese Gemeinschaftsaufgabe zur Einberufung der Versammlung dem Verwalter überträgt.

Formlose Zusammenkunft der Eigentümer ist beschlussfähig

Die Wohnungseigentümer können sich, wenn sie in ihrer Gesamtheit – aus welchen Gründen auch immer – zusammengekommen sind, dahingehend einigen, dass auf der Stelle eine Eigentümerversammlung zustande kommen soll. Ihre Entscheidungszuständigkeit erlaubt ihnen weiterhin, einvernehmlich die Beschlussthemen zu bestimmen und auf die Einhaltung aller Vorschriften zu verzichten, die zur Vorbereitung einer rechtmäßigen Eigentümerversammlung gesetzlich gelten. Einer solchen Eigentümerversammlung kann auch nicht entgegengehalten werden, dass der Verwalter nicht zugegen war, und somit die Beschlüsse nicht unter seinem Vorsitz gefasst wurden. Die Eigentümerversammlung ist ohnehin befugt, selbst in Gegenwart des Verwalters einen anderen Versammlungsvorsitzenden zu bestimmen. Insofern könnte eine so spontan zusammengetretene Vollversammlung Beschlüsse fassen, die verfahrensrechtlich rechtmäßig zustande gekommen sind.

Von dieser Ausnahmesituation einmal abgesehen, muss der Verwalter, soweit nichts anderes vereinbart ist, mindestens einmal im Jahr eine ordentliche Eigentümerversammlung einberufen.

„Grundrecht" auf Quorum

Er muss die Eigentümerversammlung auch dann einberufen, wenn die Wohnungseigentümer hierüber für bestimmte Fälle eine Vereinbarung getroffen haben, und er ist auch dann verpflichtet, wenn mehr als ein Viertel der Wohnungseigentümer (nach Köpfen

Einberufung Wohnungseigentümerversammlung

und nicht nach Miteigentumsanteilen gerechnet) unter Angabe des Zwecks und der Gründe eine Einberufung der Eigentümerversammlung schriftlich vom Verwalter fordern.

Quorum: Das Recht der Minderheit

Wichtig: Dieses sogenannte Quorum, das Recht der Minderheit, das die Einberufung einer Eigentümerversammlung verlangen kann, kann nicht durch die Gemeinschaftsordnung oder einen Beschluss ausgeschlossen werden. Eine Beschränkung würde schon darin liegen, dass eine Berechnung nach Miteigentumsanteilen erfolgt. Anders ist eine Regelung möglich, dass weniger als ein Viertel der Wohnungseigentümer die Einberufung der Eigentümerversammlung verlangen kann, da das Quorum die Minderheit schützen will und ein strengerer Schutz dieser Minderheit dem nicht entgegenläuft. Hierbei muss aber gemäß § 24 Abs. 2 WEG der Zweck und der Grund für eine solche Wohnungseigentümerversammlung angegeben werden. Dieses Erfordernis ist bereits erfüllt, wenn ein bestimmter Tagesordnungspunkt in das Schreiben für die Eigentümerversammlung aufgenommen wird. Wenn eine solche Einberufung erfolgt, ohne dass das Einberufungsverlangen Angaben zum Zweck und zu den Gründen enthält, so berührt dies die Gültigkeit von gefassten Beschlüssen nicht.

Einberufung durch Verwalter

Grundsätzlich steht dem Verwalter qua Amt das Recht zu, die Eigentümerversammlung einzuberufen. Er kann auch dann eine Eigentümerversammlung einberufen, wenn er diese aus sachlichen Gründen für erforderlich und zweckmäßig hält. Im Gegenzug zum Einberufungsrecht hat der Verwalter auch das Recht, eine bereits geladene Versammlung abzusagen und auf einen anderen Termin zu verlegen.

Achtung: Dieses Recht steht ihm jedoch nicht zu, wenn die Verlegung der Versammlung rechtsmissbräuchlich ist und einer Weigerung, eine Versammlung abzuhalten, gleichkommt. Ein grober

Wohnungseigentümerversammlung/Beschlussfassung

Pflichtverstoß ist es, wenn der Verwalter nach Zugang eines ordnungsgemäßen Einberufungsverlangens mit weiteren Tagesordnungspunkten die Versammlung absagt und keine neue Versammlung einberuft.

Wenn sich der Verwalter pflichtwidrig weigert, eine Versammlung einzuberufen oder ein Verwalter überhaupt fehlt, so kann die Versammlung, wenn ein Verwaltungsbeirat vorhanden ist, vom Vorsitzenden des Verwaltungsbeirats oder dessen Stellvertreter einberufen werden.

Für die Einberufung der Eigentümerversammlung hat der Verwalter hinsichtlich des Zeitpunkts der Versammlung einen angemessenen Spielraum, soweit er den Versammlungstermin nicht ungebührlich verzögert. Wenn kein Verwaltungsbeirat vorhanden ist, kann auch ein einzelner Wohnungseigentümer die Versammlung einberufen. Dies kann er aber nur dann unter Auslassung des Quorums, wenn er aufgrund eines Antrags nach § 43 Abs. 3 WEG vom Gericht hierzu ermächtigt worden ist. Diese Ermächtigung kann der Wohnungseigentümer durch einstweilige Anordnung erlangen. Der Verwaltungsbeiratsvorsitzende kann einen solchen Antrag nicht stellen, da ihm hierfür das „Rechtsschutzbedürfnis" fehlt. Der Verwaltungsbeiratsvorsitzende kann nämlich den Erfolg, eine Eigentümerversammlung einzuberufen, aufgrund seines eigenen Einberufungsrechts erreichen.

Einberufungsfrist

Die Frist der Einberufung soll mindestens zwei Wochen betragen. Eine Ausnahme ist nur im Fall von besonderer Dringlichkeit gegeben. Die Zwei-Wochenfrist beginnt mit dem Zugang beim jeweiligen Wohnungseigentümer zu laufen.

Ein Ladungsschreiben gilt als zugegangen, wenn es in den „Bereich des Empfängers" gelangt ist, so dass dieser unter normalen Verhältnissen die Möglichkeit hat, vom Inhalt der Ladung Kenntnis zu nehmen. Mit dem Einwurf der Ladung in Ihrem Briefkasten beginnt, wenn damit zu rechnen ist, dass Sie demnächst den Briefkasten leeren werden, die Wochenfrist zu laufen. So geht die Ladung, die nachts in Ihrem Briefkasten eingeworfen wird, erst am

Einberufung Wohnungseigentümerversammlung

nächsten Morgen zu, wenn mit der Leerung des Briefkastens gerechnet werden kann. Somit geht z. B. der zur Unzeit eingeworfene Brief erst dann zu, wenn mit seiner Kenntnisnahme zu rechnen ist: Bei einem am Samstagabend eingeworfenen Brief muss damit gerechnet werden, dass er erst am Montagmorgen zur Kenntnis genommen wird. Das heißt, er geht erst am Montag zu. Diese Möglichkeit der Kenntnisnahme bemisst sich aber an den gewöhnlichen Verhältnissen. Wenn Sie als Empfänger wegen Krankheit oder Urlaubs nicht in der Lage sind, von dem Inhalt der Ladung Kenntnis zu nehmen, so steht dies dem Zugang nicht entgegen.

Achtung: Die Ladungsfrist ist eine reine Sollvorschrift. Bei einer Verletzung dieser Frist erfolgt keine Ungültigkeitserklärung. Wenn Sie in weniger als einer Woche zu einer Eigentümerversammlung geladen werden, können trotzdem gültige Beschlüsse gefasst werden. Hiervon bleibt jedoch eine persönliche Schadensersatzverpflichtung des Verwalters unberührt.

Form der Einberufung

Nach § 24 Abs. 4 WEG bedarf die Einberufung der Eigentümerversammlung der Textform. Eine Verletzung dieser Formvorschrift führt aber ebenfalls nicht zur Ungültigkeit. Eine zwingende Gültigkeitsvoraussetzung ist das Vorliegen der Tagesordnung bei Einberufung der Eigentümerversammlung.

Ort und Zeitpunkt der Versammlung

Der Verwalter, der die Eigentümerversammlung einberuft, muss im Ladungsschreiben Zeitpunkt in Form von Wochentag und Tageszeit der Zusammenkunft sowie den Versammlungsort bestimmen. Dabei darf er den Wohnungseigentümern in wirtschaftlicher und persönlicher Hinsicht keine vermeidbaren Opfer zumuten. Er muss berücksichtigen, dass den Wohnungseigentümern keine Schwierigkeiten aufgebürdet werden, welche die Entscheidung, an der Versammlung nicht teilzunehmen, beeinflussen könnten. Diese

Wohnungseigentümerversammlung/Beschlussfassung

Rechtspflicht beruht auf dem Grundsatz der ordnungsgemäßen Verwaltung. Die örtliche und zeitliche Bestimmung der Versammlung lässt sich in der Regel nur an der Situation der Wohnungseigentümer bemessen, die in der Mehrzahl in der Eigentumswohnanlage wohnen. Somit müssen die Eigentümer, welche die Eigentumswohnung nicht selbst bewohnen, Nachteile hinnehmen, wenn sie ihren Wohnsitz nicht in der Nähe der Wohnanlage haben.

Achtung: Sie müssen, falls Sie die Eigentumswohnung vermietet haben, besondere Kosten und einen erhöhten Zeitaufwand für die Teilnahme an der Eigentümerversammlung in Kauf nehmen.

Das Ladungsschreiben muss folgende Bestandteile beinhalten:

- Versammlungsort
- Versammlungszeit
- Tagesordnung

Örtliche Nähe zur Wohnanlage

In der Regel muss die Versammlung in der Nähe der Wohnanlage stattfinden und nicht in der Nähe des Büros des Verwalters (OLG Köln, DWE 1990, 30). Die Eigentümerversammlung muss aber nicht zwingend in der politischen Gemeinde durchgeführt werden, in der sich die Wohnanlage befindet, es sei denn, die Teilnahme an der Versammlung wird hierdurch erschwert.

Versammlungszeit muss zumutbar sein

Der Zeitpunkt der Versammlung ist so zu bestimmen, dass es berufstätigen Wohnungseigentümern möglich ist, an der Versammlung teilnehmen zu können, ohne sich beurlauben lassen zu müssen. Hierbei hat das OLG Frankfurt (OLGZ 1982, 418) entschieden, dass eine Versammlung am Werktag Vormittag unzumutbar ist. In aller Regel werden die Eigentümerversammlungen abends einberufen. Hiervon kann Abstand genommen und die Versammlung während der Bürostunden des Verwalters abgehalten werden, wenn der Großteil der Wohnungseigentümer eine längere Anreise zum

Einberufung Wohnungseigentümerversammlung

Versammlungsort hat und bei einer Versammlung in den Abendstunden nicht mehr am selben Tag zurückreisen kann.

Unwirksamkeit bei fehlerhaft benanntem Versammlungsort

Die Ladung ist nicht rechtmäßig und somit unwirksam, wenn der Versammlungsort fehlerhaft bestimmt wurde. Die Wohnungseigentümer, die dennoch zur Versammlung erscheinen, sind nicht entscheidungsbefugt und auch nicht in der Lage, einen rechtmäßig zustande gekommenen Beschluss zu fassen. Ein solcher Beschluss ist in sich absolut unwirksam. Eine rechtmäßig zustande gekommene Eigentümerversammlung kann vereinbaren, dass die Eigentümerversammlung auch dann entscheidungsbefugt ist, wenn die Einberufung wegen einer örtlich unzumutbaren Einberufung unwirksam ist und den zusammengetretenen Wohnungseigentümern die Entscheidungsbefugnis fehlt. In diesem Fall sind die zustande gekommenen Beschlüsse der Eigentümerversammlung nicht absolut unwirksam. Im Hinblick auf den Einberufungsmangel sind sie jedoch anfechtbar.

Folgen der Unzeit

Wenn die Eigentümerversammlung zur Unzeit einberufen wurde, ist dies ein Einberufungsfehler, der nach dem OLG Frankfurt „... zur Beschlussanfechtung, sowie zur Nichtigkeit gefasster Beschlüsse führen ..." kann (OLG Frankfurt, DWE 1983, 61). Hierbei ist wiederum davon auszugehen, dass die Einberufung nicht rechtmäßig und daher unwirksam ist. Die zur Versammlung erschienenen Wohnungseigentümer sind somit nicht entscheidungsbefugt, dennoch veranlasste Beschlüsse nicht rechtmäßig. Aber auch hier kann die Eigentümerversammlung einen Beschluss fassen, der die Entscheidungsbefugnis der Versammlung sicherstellt. Diese Beschlüsse sind jedoch wiederum anfechtbar. Das Landgericht Lübeck (NJW-RR 1986, 813) hat hierzu entschieden, dass gefasste Beschlüsse nur dann anfechtbar sind, wenn die Stimmrechtsausübung konkret beeinträchtigt oder verhindert worden ist. Dabei ist aber zu berücksichtigen, dass bei einer Eigentümerversammlung zur Unzeit der wahre Gemeinschaftswillen zu allen Beschlussfassungen verfälscht ist,

Wohnungseigentümerversammlung/Beschlussfassung

denn es ist nicht auszuschließen, dass die Wohnungseigentümer, die wegen der Unzeit nicht erschienen sind, mit ihren Diskussionsbeiträgen völlig andere Beschlussergebnisse erzielt hätten.

Lückenlose Ladung

Zur Eigentümerversammlung müssen alle Wohnungseigentümer geladen werden, auch die Wohnungseigentümer, deren Stimmrecht ruht. Ausnahmsweise ist die Ladung eines Teils der Wohnungseigentümer zulässig, wenn die Abhaltung von einer Teilversammlung wirksam vereinbart wurde, oder wenn in der Eigentümerversammlung nur solche Maßnahmen behandelt werden, die ausschließlich eine bestimmte Gruppe von Wohnungseigentümern bzw. die Wohnungseigentümer eines Gebäudes betreffen. Sind mehrere Personen Eigentümer einer Wohnung, so sind sie alle als Miteigentümer zu laden. Wenn diese einen Zustellungsbevollmächtigten bestimmt haben, so ist die Zustellung der Ladung nur an diesen vorzunehmen.

> **Profi-Tipp:**
>
> Die Eigentümerversammlung sollte mit einer Aufnahme in die Gemeinschaftsordnung regeln, dass die Absendung der Ladung an die zuletzt bekannte Adresse den Zugang der Einberufung fingiert. Eine solche Regelung ist empfehlenswert, da der Verwalter den Zugang der Ladung im Streitfall darlegen und beweisen muss.

Grundbucheintrag übergibt das Stimmrecht

Wird die Eigentumswohnung verkauft, so ist der veräußernde Wohnungseigentümer so lange zu laden, bis der Verkauf im Grundbuch eingetragen ist. Hierbei ist es aber auch sinnvoll, wenn der Erwerber der Eigentumswohnung von der Versammlung unterrichtet wird. Dies gilt insbesondere dann, wenn Besitz, Nutzen und Lasten bereits auf ihn übergegangen sind.

Einberufung Wohnungseigentümerversammlung

Zweitversammlung

Ist die Erstversammlung nicht beschlussfähig, so kann eine Zweitversammlung in unmittelbarem Anschluss an die zuerst einberufene Versammlung einberufen werden. Dabei darf in der Regel diese Eventualeinberufung nicht gleichzeitig mit der Einberufung der Erstversammlung erfolgen. Aber es kann in der Gemeinschaftsordnung bestimmt werden, dass eine Zweitversammlung, die der nicht beschlussfähigen Erstversammlung in kurzem zeitlichen Abstand folgt, schon zusammen mit der Ladung zur Erstversammlung einberufen wird. Das BayObLG (WM 1989, 658) hat dazu entschieden, dass die Gültigkeit einer solchen Regelung angenommen werden kann, da § 25 Abs. 4 WEG zu den abdingbaren (änderbaren) Bestimmungen des WEG gehört. Wenn eine Zweitversammlung einberufen wird, so muss in der Einberufung darauf hingewiesen werden, dass die Zweitversammlung ohne Rücksicht auf die Zahl der erschienenen oder vertretenen Wohnungseigentümer beschlussfähig ist. Die Zweitversammlung setzt nicht mehr die strengen Bedingungen für die Beschlussfassung einer Erstversammlung voraus. Hierbei hat die Notwendigkeit, endlich die vorgesehenen Entscheidungen zu treffen, den Vorrang vor der Entscheidung, die von den Wohnungseigentümern mit einer repräsentativen Anzahl von Miteigentümeranteilen getroffen wird.

Unzulässige Zweitversammlung

Beschlüsse, die in einer unzulässig einberufenen Zweitversammlung gefasst werden, sind wegen ihres Einberufungsmangels verfahrensrechtlich rechtswidrig. Eine unzulässig einberufene Zweitversammlung ist dann gegeben, wenn die Einberufung zur Zweitversammlung mit der Einberufung zur Erstversammlung kombiniert ist, und für den Fall einer mangelnden Beschlussfähigkeit der Erstversammlung zu einer zweiten, zeitlich nahen Versammlung geladen wird. In der Regel liegen solche Zweitversammlungen eine halbe Stunde bis Stunde nach der Erstversammlung. Eine derartig einberufene Zweitversammlung ist rechtswidrig, wenn sie nicht in der Gemeinschaftsordnung zugelassen ist. Eine absolute Unwirksamkeit der Beschlüsse

Wohnungseigentümerversammlung/Beschlussfassung

einer rechtswidrig einberufenen Zweitversammlung ist nicht anzunehmen, aber sie sind anfechtbar.

> **Profi-Tipp:**
>
> Prüfen Sie in der Gemeinschaftsordnung, ob solche Zweitversammlungen zulässig sind. In der Regel ist es üblich, dass solche Zweitversammlungen einberufen werden.

Für die Rechtmäßigkeit einer Zweitversammlung setzt § 25 Abs. 4 WEG voraus, dass das Einberufungsschreiben einen belehrenden Hinweis enthält: „Die Versammlung ist ohne Rücksicht auf die Höhe der vertretenen Anteile beschlussfähig." Fehlt diese Belehrung im Ladungsschreiben, so sind die in der Zweitversammlung gefassten Beschlüsse rechtswidrig und anfechtbar.

Beschlussgegenstand

Der Beschlussgegenstand muss zwingend im Ladungsschreiben bezeichnet sein, damit über ihn gültig beschlossen werden kann. Wenn der Beschlussgegenstand nicht nur nicht ausreichend bezeichnet ist, so ist der daraufhin gefasste Beschluss anfechtbar und vom Gericht auf Antrag für ungültig zu erklären.

Einberufungsfehler

Einberufung durch Nichtberechtigten

Wenn ein nicht amtierender Verwalter die Eigentümerversammlung einberuft, z. B. weil seine Bestellungszeit abgelaufen ist, so führt dieses zur Anfechtbarkeit der Beschlüsse. Das Gleiche gilt, wenn ein nicht einberufungsberechtigtes Verwaltungsbeiratsmitglied die Eigentümerversammlung einberufen hat. Ausnahme hierzu ist, dass alle Wohnungseigentümer der Einberufung zugestimmt haben. Dies kann bei einer Universalversammlung (Vollsammlung) angenommen werden. Besteht Streit über die Bestellung des Verwalters, die im Nachhinein für unwirksam erklärt wird,

Einberufung Wohnungseigentümerversammlung

so werden alle Beschlüsse, die in der Zwischenzeit bei Eigentümerversammlungen verabschiedet wurden, wegen der Rückwirkung der Ungültigkeitserklärung anfechtbar, aber nicht nichtig. Eine andere Auffassung vertritt hier das LG Frankfurt (MDR 1982, 497), dass solche Beschlüsse auch nicht einmal anfechtbar wären, also somit wirksam sind.

Wichtig: Wenn bekannt wird, dass ein Nichtberechtigter eine Eigentümerversammlung einberufen will, so kann schon vor der Versammlung dagegen gerichtlich vorgegangen werden.

Andere Einberufungsfehler

Wenn ein Einberufungsfehler ursächlich für den Beschluss ist, so führt dies zur Anfechtbarkeit dieses Beschlusses. Ein Fehler ist ursächlich, wenn z. B. aufgrund einer fehlenden Einberufung die Wohnungseigentümer an der Stimmrechtsausübung bzw. an der Beeinflussung der Meinungsbildung gehindert waren. Der Beschluss kann als rechtmäßig angesehen werden, wenn er bei ordnungsgemäßer Ladung oder Nichtvorliegen des Einberufungsfehlers genauso gefasst worden wäre (BayObLG, NJW-RR 1990, 784). Nicht erforderlich ist es, dass die Stimme eines einzelnen, betroffenen Eigentümers allein für das Abstimmungsergebnis ursächlich gewesen wäre. Wenn ein Verwaltungsbeirat, der nicht Wohnungseigentümer ist, nicht eingeladen wird, so begründet dies keine Anfechtungsmöglichkeit.

Einberufungsmängel

Grundsätzliche Einberufungsmängel ergeben sich daraus, dass

- die Versammlung zur Unzeit stattfindet,
- nicht alle Personen geladen wurden, die zur Mitwirkung an der Beschlussfassung berechtigt sind,
- die Einberufungsfrist nicht eingehalten wurde,
- der Versammlungsort unzumutbar ist,

Wohnungseigentümerversammlung/Beschlussfassung

- die Einberufung nicht schriftlich erfolgte,
- bei der Einberufung die Tagesordnung nicht mitgeteilt wurde,
- die Beschlussgegenstände, zu welchen Beschlussfassungen verlangt werden, unzureichend oder fehlerhaft angekündigt sind.

13. Ablauf einer Wohnungseigentümerversammlung

Die Wohnungseigentümerversammlung soll zur Gestaltung der wichtigsten Mitgliedschaftsrechte der Wohnungseigentümer beitragen. In ihr entscheiden die Wohnungseigentümer über den Gebrauch von Gemeinschafts- und Sondereigentum, über die Verwaltung des gemeinschaftlichen Eigentums und über alle ihr zugewiesenen Angelegenheiten durch Beschluss. Die Eigentümerversammlung dient jedoch nicht nur zur Beschlussfassung, sondern auch zum Informationsaustausch zwischen den Wohnungseigentümern. Diese Möglichkeit zur Information und Diskussion ist ein Grundrecht der Wohnungseigentümer, welches der Verwalter ihnen in der Versammlung zu ermöglichen hat.

Nichtöffentlichkeit

Die Wohnungseigentümerversammlung darf keinesfalls öffentlich stattfinden. Es soll von ihr jeglicher Fremdeinfluss ferngehalten werden, so dass die Versammlung ungestört durchgeführt werden kann und die Angelegenheiten der Wohnungseigentümer nicht unnötig in die Öffentlichkeit getragen werden. Insofern besteht für die Nichtöffentlichkeit der Versammlung ein schutzwürdiges Interesse der Wohnungseigentümer.

Dieser Grundsatz ist z. B. verletzt, wenn die Eigentümerversammlung im offenen Gastraum einer Gaststätte, in der sich weitere

Ablauf einer Wohnungseigentümerversammlung

Gäste aufhalten, stattgefunden hat. Wenn in einer solchen Öffentlichkeit Beschlüsse gefasst werden, sind diese anfechtbar. Es sei denn, dass die Eigentümerversammlung durch Mehrheitsbeschluss die Teilnahme von Gästen an der Versammlung zugelassen hat. Diese dürfen den Inhalt der Beschlüsse nicht beeinflussen. Das Öffentlichkeitsverbot schließt aber grundsätzlich nicht aus, dass die Teilnehmer an der Eigentümerversammlung z. B. in Begleitung ihrer Ehegatten erscheinen können oder einen Berater hinzuziehen (Palandt/Bassenge § 24 Rn. 10; a. A. B9HZ 121, 236).

Leitung

Grundsätzlich können nach dem WEG folgende Personen die Versammlung leiten:

- der von der Gemeinschaft bestellte und beauftragte Verwalter

- der vom Gericht bestellte Notverwalter

- der von der Eigentümerversammlung für die Versammlung gewählte Versammlungsleiter

Gemäß § 24 Abs. 5 WEG leitet in der Regel der Verwalter die Versammlung, es sei denn, die Versammlung beschließt etwas anderes. Einen abweichenden Beschluss bezüglich der Versammlungsleitung kann die Eigentümerversammlung mit Mehrheitsbeschluss fassen. Der Versammlungsleiter kann eine ordnungsgemäß einberufene und beschlussfähige Versammlung nicht auflösen. Löst der Versammlungsleiter eine Eigentümerversammlung dennoch rechtswidrig auf und verlassen einzelne Wohnungseigentümer die Versammlung danach, so können keine unanfechtbaren Beschlüsse gefasst werden.

Der Versammlungsleiter entscheidet über die Annahme oder Ablehnung der Anträge. Bezüglich der Versammlungsleitung gilt ebenfalls der Grundsatz der ordnungsgemäßen Verwaltung. So kann ein zur Tagesordnung gefasster Beschluss schon deshalb anfechtbar sein, weil er aufgrund einer Entscheidung zur Ver-

Wohnungseigentümerversammlung/Beschlussfassung

sammlungsleitung entstanden ist, die unter den gegebenen Umständen inhaltlich einer ordnungsgemäßen Verwaltung widerspricht. Die Eigentümerversammlung kann keinen Beschluss darüber fassen, wer in den künftigen Versammlungen den Vorsitz haben soll. Damit wäre eine Änderung des § 24 Abs. 5 WEG verbunden.

Wichtig: Der Verwalter leitet die Versammlung nur solange, bis durch die Versammlung etwas anderes bestimmt wird, d. h. ein anderer Versammlungsleiter gewählt wird. Dieses gilt auch für den gerichtlich bestellten Notverwalter. Auch ihm kann die Versammlungsleitung durch die Eigentümerversammlung entzogen werden (KG, WM 1988, 416).

Prüfung der Beschlussfähigkeit

Der Versammlungsleiter hat die Beschlussfähigkeit der Versammlung festzustellen. Dazu prüft er, ob die Inhaber von mehr als der Hälfte aller Miteigentumsanteile erschienen oder vertreten sind. Wenn diese Versammlung jedoch nicht beschlussfähig ist, beruft der Verwalter, nach den genannten Voraussetzungen, eine Zweitverwaltung mit der gleichen Tagesordnung ein. Diese ist dann unabhängig von der Zahl der erschienenen oder vertretenen Wohnungseigentümer beschlussfähig. Eine solche Eventualeinberufung ist jedoch im Zweifelsfall nicht zulässig, wenn die Zweitversammlung kurze Zeit nach Beginn der Erstversammlung stattfinden soll.

Protokoll

Über die Wohnungseigentümerversammlung ist ein Protokoll zu fertigen, für welches der Versammlungsleiter verantwortlich ist.

In einem solchen Protokoll müssen schon aus Beweisgründen folgende Daten enthalten sein:

- Die Wohnungseigentümergemeinschaft, deren Mitglieder zur Versammlung geladen wurden. Hierbei ist es ausreichend, dass die Wohnungseigentümergemeinschaft über die ihr gehören-

Ablauf einer Wohnungseigentümerversammlung

den Grundstücke bezeichnet wird, und die angrenzenden Straßen mit ihren Hausnummern benannt werden. Im Falle einer Teilgemeinschaft muss dies ebenfalls kenntlich gemacht werden.

- Ort der Versammlung
- Zeitpunkt der Versammlung nach Tag und Tageszeit
- Person des Versammlungsleiters

Im Anschluss an diese Grunddaten muss das Protokoll ebenfalls enthalten, welche Wohnungseigentümer erschienen sind. Somit ist Folgendes in das Protokoll aufzunehmen:

- Persönlich erschienene Wohnungseigentümer (wenn ein Wohnungseigentümer auch für andere Wohnungseigentümer an der Versammlung teilnehmen will, muss dies durch einen entsprechenden Zusatz im Protokoll festgehalten werden)
- Personen, die ein Vertretungsrecht für nicht anwesende Wohnungseigentümer in Anspruch nehmen
- Personen, die unter Berufung auf ein ihnen an dem Wohnungseigentum zustehendes dingliches Nutzungsrecht ein Stimmrecht oder jedenfalls ein Teilnahmerecht in Anspruch nehmen
- Ein Zwangsverwalter, der für den Inhaber eines der Zwangsverwaltung unterliegenden Wohnungseigentums teilnimmt
- Ein Insolvenzverwalter, der für einen Wohnungseigentümer handelt, über dessen Vermögen das Insolvenzverfahren eröffnet worden ist
- Personen, die ein Vertretungsrecht für juristische Personen, d. h. GmbH oder BGB-Gesellschaft etc. in Anspruch nehmen
- Mitglieder des Verwaltungsbeirats, die keine Wohnungseigentümer sind
- Personen, die sich auf ein Anwartschaftsrecht zum Erwerb einer Eigentumswohnung berufen und an den Beschlussfassungen teilnehmen wollen

Wohnungseigentümerversammlung/Beschlussfassung

Mit dieser Feststellung und Beurkundung der Personen, die an der Versammlung mitwirken wollen, ist aber noch keineswegs entschieden, dass sie auch teilnahme- und abstimmungsberechtigt sind.

> **Profi-Tipp:**
>
> Bei größeren Wohnungseigentümergemeinschaften kann es zweckmäßig sein, dass die erschienenen Personen in einer besonderen Teilnehmerliste erfasst werden. Dieses Teilnehmerverzeichnis kann als Anlage mit einem entsprechenden Vermerk versehen zum Versammlungsprotokoll hinzugenommen werden. Es ist ebenfalls empfehlenswert, dass die vorgelegten Vollmachtsurkunden als Anlage zum Protokoll genommen werden. Viele Gemeinschaftsordnungen schreiben dieses Verfahren vor. Es ist aber auch dann empfehlenswert, wenn eine solche Regelung fehlt. Im Falle dessen, dass das Stimmrecht nicht nach dem Kopfprinzip ausgeübt wird, sondern nach dem Wertprinzip, ist es zweckmäßig, die Stimmkraft (die Höhe der Miteigentumsanteile) schon hinter den als erschienen aufgeführten Personen zu vermerken. Für dieses Vorgehen empfiehlt sich wiederum, dass die Teilnehmerliste dem Protokoll hinzugefügt wird.

Eröffnung der Versammlung

Nachdem im Protokoll die erschienenen Personen beurkundet sind, eröffnet der Vorsitzende die Versammlung. Hierbei stellt der Versammlungsleiter fest, ob die Einberufungsbestimmungen beachtet wurden. Diese ordnungsgemäße Einberufung der Versammlung ist sodann im Protokoll festzuhalten, sofern sie keinen Widerspruch erfährt. Ein solcher Widerspruch wäre dann ebenfalls in das Protokoll aufzunehmen.

Die Niederschrift des Protokolls ist Pflicht. Dadurch entsteht aber noch keine öffentliche Urkunde. Als Mindestinhalt muss das Protokoll die gefassten Beschlüsse in der sogenannten Ergebnisnieder-

Ablauf einer Wohnungseigentümerversammlung

schrift festhalten. Dies ist deshalb wichtig, da neue Wohnungseigentümer an die früheren Beschlüsse der Eigentümerversammlung gebunden sind, und ihnen so der Inhalt der früheren Eigentümerversammlungen zugänglich gemacht wird. Da das Protokoll aber nicht nur über den Inhalt und das Zustandekommen der Beschlüsse informieren soll, sondern auch eine Auslegung der Beschlüsse ermöglichen muss, ist es ratsam, über ein sogenanntes Ergebnisprotokoll hinaus den Ablauf der Versammlung in einem Ablaufprotokoll festzuhalten. Dies ist allein schon für das Verständnis der Beschlüsse von Bedeutung und dient darüber hinaus Beweiszwecken. Dem Verfasser des Protokolls ist hinsichtlich des Protokollinhalts ein gewisser Ermessensspielraum eingeräumt. Wie er das Ablaufprotokoll inhaltlich gestaltet, bleibt ihm überlassen, es muss lediglich der gesetzliche Mindestinhalt darin festgeschrieben sein. Ebenso bleibt es dem Protokollführer überlassen, wie er Diskussionen niederschreibt, zu welchen kein Beschluss gefasst wurde. Des Weiteren sollte das Protokoll keine Wertungen oder diskriminierenden Feststellungen enthalten.

Checkliste: Inhalt eines Protokolls

- Bezeichnung der Eigentümergemeinschaft
- Ort und Tag der Versammlung
- Vorsitzender der Versammlung
- Feststellung der ordnungsgemäßen Einberufung
- Feststellung der Beschlussfähigkeit
- Namen der Teilnehmer
- Beschlussanträge mit den zum Verständnis erforderlichen Diskussionsbeiträgen
- Abstimmungsergebnisse (Ja- und Neinstimmen sowie Enthaltungen)
- Beschlussfeststellungen des Versammlungsleiters

Wohnungseigentümerversammlung/Beschlussfassung

Abzeichnung des Protokolls

Das Versammlungsprotokoll muss vom Versammlungsleiter, dem Vorsitzenden des Verwaltungsbeirats oder dessen Vertreter und einem Eigentümer unterschrieben werden. Die Unterzeichneten übernehmen damit die Verantwortung für die Richtigkeit des Protokolls. In der Gemeinschaftsordnung kann jedoch wiederum eine abweichende Regelung getroffen werden, so dass z. B. das Protokoll von zwei Wohnungseigentümern zu unterzeichnen ist, die von der Eigentümerversammlung bestimmt werden. Wenn das Protokoll die Bestellung eines neuen Verwalters enthält und dieser Verwalter der Veräußerung von Eigentumswohnungen zustimmen muss, dann sind gemäß § 26 Abs. 3 WEG die Unterschriften öffentlich zu beglaubigen.

Klagefrist wahren

Wichtig: Da die Klagefrist für die Ungültigkeitserklärung von Beschlüssen einen Monat beträgt, ist der Verwalter dazu verpflichtet, das Protokoll rechtzeitig anzufertigen, damit es jedem Wohnungseigentümer möglich ist, die Klagefrist zu wahren. Der Verwalter muss das Protokoll schnellstmöglich den Wohnungseigentümern zur Einsicht zugänglich machen. Das Protokoll muss den Wohnungseigentümern spätestens eine Woche vor Fristablauf zugänglich sein (BayObLG, WM 1990, 322; OLG Frankfurt/M., WuH 1990, 461).

Wenn der Verwalter das Protokoll länger zurückhält, kann er schadenersatzpflichtig werden, da für die Wohnungseigentümer erst aus dem Protokoll der genaue Beschlussantrag ersichtlich wird, und eine Beschlussanfechtung erst dann möglich ist. Wenn ein Wohnungseigentümer vorsichtshalber alle Beschlüsse der Wohnungseigentümerversammlung anficht, weil der Verwalter das Protokoll nicht rechtzeitig angefertigt hat, so kann der Verwalter dem Wohnungseigentümer sämtliche daraus entstandene Kosten auferlegen, wenn dieser Wohnungseigentümer nach Vorliegen des Protokolls den Antrag zurücknimmt (BayObLG, WM 1990, 322).

Ablauf einer Wohnungseigentümerversammlung

Eine Pflicht des Verwalters, den Eigentümern das Protokoll zu übersenden, besteht nicht. Eine Ausnahme besteht dann, wenn in der Gemeinschaftsordnung, im Verwaltervertrag oder mittels eines Beschlusses die Pflicht zur Übersendung festgeschrieben wird oder das Protokoll seit längerer Zeit freiwillig verschickt wird, und so ein Anspruch aus Übung entsteht. Im Gegenzug haben die Wohnungseigentümer die Pflicht, sich durch Einsichtnahme in das Protokoll von den gefassten Beschlüssen Kenntnis zu verschaffen. Aus dieser Pflicht bzw. diesem Recht der Einsichtnahme folgt auch das Recht, dass sich die Wohnungseigentümer vom Protokoll Fotokopien erstellen dürfen. Das Einsichtsrecht erstreckt sich aber nicht auf die Notizen des Verwalters, die er zur Vorbereitung der Versammlung angefertigt hat.

Fehlerhaftes Protokoll

Ist das Protokoll mit Fehlern behaftet oder unrichtig, so wird dadurch nicht die Gültigkeit der tatsächlich gefassten Beschlüsse berührt. Es kann jedoch die Korrektur eines inhaltlich fehlerhaften Protokolls verlangt werden, wenn es im Interesse des Rechtsfriedens ist. Daher kann das Protokoll nur korrigiert werden, wenn ein Wohnungseigentümer durch das Protokoll rechtswidrig beeinträchtigt wird oder wenn ein wichtiger Beschluss falsch protokolliert wurde. In der Gemeinschaftsordnung kann die Eigentümergemeinschaft bestimmen, dass eine bestimmte Art der Protokollierung Gültigkeitsvoraussetzung ist. Wird hiergegen später verstoßen, so führt dies zur Anfechtbarkeit des nicht ordnungsgemäß protokollierten Beschlusses. Darüber hinaus ist der Verwalter bzw. der Versammlungsleiter verpflichtet, Unrichtigkeiten im Protokoll zu berichtigen. Wenn er ein Protokoll nicht anfertigt oder das Protokoll verfälscht, so rechtfertigt dieses die fristlose Abberufung des Verwalters.

Das Protokoll ist lediglich eine Privaturkunde und hat keine konstitutive Wirkung. Somit beweist das Protokoll nur die Urheberschaft des Ausstellers, aber bezüglich der Richtigkeit des Inhalts kommt dem Protokoll keine gesetzliche Beweiskraft zu. Wenn dem Protokoll nun auch noch die erforderlichen Unterschriften fehlen, so ändert dies nichts an der Urkundenqualität, es setzt aber die

Wohnungseigentümerversammlung/Beschlussfassung

Beweiskraft des Protokolls erheblich herab. Dies ist insofern wichtig, da das Protokoll allein beweisen kann, mit welchem Wortlaut welche Beschlüsse gefasst worden sind. Somit könnten im Falle einer Anfechtung dem Antragsteller erhebliche Schwierigkeiten daraus entstehen, dass er den Wortlaut des angefochtenen Beschlusses nicht darlegen kann. Andere Beweismittel, wie die Einvernahme von Zeugen, sind zwar zulässig, können aber erhebliche Schwierigkeiten verursachen, wenn es darum geht, den Wortlaut zu rekonstruieren.

Erwähnt sei dabei auch die Pflicht des Verwalters, die Protokolle ordnungsgemäß aufzubewahren, so dass sie den Wohnungseigentümern oder zukünftigen Wohnungseigentümern zugänglich sind und die Eigentümer sich Kenntnis vom Inhalt der Protokolle verschaffen können.

Beschlussfassung

In der Wohnungseigentümerversammlung werden die einzelnen Anträge der Tagesordnung diskutiert. Die Tagesordnungspunkte müssen dem Ladungsschreiben beigefügt sein. Die Reihenfolge der Tagesordnungspunkte wird dabei in der Regel befolgt, sofern sich keine wichtigen Gründe für eine andere Reihenfolge ergeben. Im Anschluss an die Debatte des jeweiligen Tagesordnungspunktes erfolgt die Beschlussfassung hierüber.

Die Eigentümerversammlung kann entscheiden, in welcher Reihenfolge die Beschlüsse gefasst werden. Für den Fall, dass ein Wohnungseigentümer der vom Versammlungsleiter getroffenen Tagesordnung widerspricht, hat letzten Endes die Eigentümerversammlung zu entscheiden, in welcher Reihenfolge die Beschlüsse gefasst werden. Eine solche Mehrheitsentscheidung ist für den Ablauf der Versammlung verbindlich und auch nicht anfechtbar (BayObLG, WM 1988, 34).

Beschlussantrag und Protokollierung

Die Beschlussfassung beschränkt sich nicht nur auf den Abstimmungsvorgang.

Ablauf einer Wohnungseigentümerversammlung

Beratung

Zur Beschlussfassung gehört auch die Beratung des Gegenstands, über den die Eigentümergemeinschaft entscheiden soll. Dieser Beratungsgegenstand wird durch die Antragstellung bestimmt. So kann z. B. ein nicht stimmberechtigter Wohnungseigentümer an der Vorbereitung der Abstimmung zwar mitwirken, aber er darf selbst nicht abstimmen. Ein solcher Wohnungseigentümer hat sozusagen nur ein Teilnahmerecht und zu diesen Teilnahmerechten gehören insbesondere das Antragsrecht, das Rederecht und das Recht auf Gehör. Das Antragsrecht beinhaltet die Befugnis, zu einem Beschlussgegenstand Anträge jeglicher Art zu stellen. Diese Anträge stehen nicht von vornherein fest. Aus der Ankündigung im Einberufungsschreiben ergibt sich zwar eine Eingrenzung des Beschlussgegenstands, aber die genaue Formulierung des Antrags ist Angelegenheit der Versammlungsleitung. Über diesen von der Versammlungsleitung endgültig formulierten Antrag soll dann entschieden werden.

Profi-Tipp:

Zur Vermeidung von Missverständnissen sollte der Wortlaut des Beschlussantrags nicht aus dem Gedächtnis, in einem später nach der Versammlung gefertigten Protokoll niedergeschrieben, sondern bereits während der Versammlung in das Protokoll aufgenommen werden, so dass der Antrag wortgetreu verlesen werden kann.

Im Allgemeinen ist es nicht erforderlich, das Protokoll bereits in der Versammlung zu fertigen. Das Protokoll kann vom Protokollführer nach der Versammlung aufgrund von Notizen, die während der Versammlung festgehalten wurden, geschrieben werden (KG, WM 1989, 102). Ein Recht auf Einsichtnahme in diese Notizen haben die Wohnungseigentümer nicht, da diese Notizen kein Protokoll darstellen.

Formulierung der Beschlussanträge

Die Beschlussanträge können sowohl positiv als auch negativ formuliert werden. Sie können daher mit Ja oder Nein beantwortet

Wohnungseigentümerversammlung/Beschlussfassung

werden. Auf diese Weise kann entweder beantragt werden, dass etwas geschehen soll, oder aber beantragt werden, dass etwas nicht geschehen soll. Mit positiv formulierten Beschlussanträgen ist in der Regel eine Veränderung der bestehenden Rechtslage gewollt, eine negative Formulierung drückt eine Entscheidung aus, wonach der Status quo gehalten wird. Da jedoch negativ formulierte Beschlussanträge in der Eigentümerversammlung häufig zu Verwirrungen führen, ist es ratsam, zur Abstimmung generell positiv formulierte Beschlussanträge vorzuschlagen.

Profi-Tipp:
Einen negativ formulierten Antrag sollten Sie nur ausnahmsweise stellen, wenn abzusehen ist, dass die Mehrheit der Eigentümerversammlung diesen Antrag mit hoher Wahrscheinlichkeit annehmen wird.

Gegenantrag

Wichtig: Es müssen nicht nur die vorformulierten Beschlussanträge des Versammlungsleiters übernommen werden, sondern jeder einzelne Wohnungseigentümer kann einen Gegenantrag formulieren.

Die Versammlung ist grundsätzlich nicht befugt, die Beschlussfassung über einen selbstständigen Beschlussantrag zu verweigern. Die Eigentümerversammlung kann somit nicht mit Mehrheitswillen beschließen, dass die Beschlussfassung über den Gegenantrag nicht zugelassen wird. Eine solche Entscheidung kann es nur unter der Voraussetzung geben, dass der Beschlussantrag eines Wohnungseigentümers nicht mehr durch den im Einberufungsschreiben angekündigten Beschlussgegenstand gedeckt ist.

Protokoll übersichtlich gestalten

Achtung: Aus dem Protokoll muss ersichtlich sein, ob über einen Antrag zur Versammlungsleitung oder über einen Antrag zu einem Tagesordnungspunkt abgestimmt wurde.

Ablauf einer Wohnungseigentümerversammlung

Beratung der Beschlussgegenstände

Die Beratung eines Entscheidungsgegenstands gehört schon zur Beschlussfassung und dient der Meinungsbildung mit dem Ziel, im Wege einer Sachdiskussion die Entscheidung zu finden, die den Interessen der Wohnungseigentümergemeinschaft entspricht.

Beratung ist wichtig

Insofern ist die Beratung bzw. die Diskussion ein unentbehrlicher Teil der Beschlussfassung. Es ist daher möglich, dass Mängel in der Beratung die Anfechtung eines anschließend gefassten Beschlusses rechtfertigen können.

Eine Entscheidung des Versammlungsleiters oder ein Mehrheitsbeschluss der Eigentümerversammlung ist z. B. rechtswidrig, wenn darin ausgedrückt wird, dass keine Diskussion zu einem Beschlussantrag stattfinden soll, obwohl Wortmeldungen vorliegen oder das Interesse für Wortmeldungen nicht auszuschließen ist. Jeder Wohnungseigentümer muss die Möglichkeit haben, die Argumente vorzutragen, die seiner Ansicht nach für oder gegen die Annahme des gestellten Beschlussantrags sprechen. Dies ist insbesondere dann wichtig, wenn zu erkennen ist, dass das zu erwartende Abstimmungsergebnis noch völlig offen ist.

Sachdiskussionen sind produktiv

Auf eine Sachdiskussion kann nicht verzichtet werden, wenn darauf hingewiesen wird, dass in einer früheren Versammlung schon eine Diskussion zu diesem Thema stattgefunden hat. Eine frühere Diskussion zu einem Beschlussgegenstand kann nicht die aktuelle Diskussion ersetzen, die grundsätzlich vor einer Abstimmung zuzulassen ist. Dabei könnten ja neue Argumente auftauchen und neue Umstände maßgeblich geworden sein, die vor der früheren Diskussion noch nicht eingetreten waren und deshalb nicht berücksichtigt wurden. Des Weiteren kann nicht angenommen werden, dass eine frühere Diskussion zu einem vollkommenen Austausch der Argu-

Wohnungseigentümerversammlung/Beschlussfassung

mente geführt hat. Ein vollkommener Austausch von Argumenten ist erst dann sichergestellt, wenn eine Diskussion unmittelbar vor der Abstimmung stattfindet und nicht verhindert wird.

Versammlungsleiter ist Diskussionsleiter

Bei der Beratung eines Beschlussgegenstands hat der Versammlungsleiter dafür zu sorgen, dass das Rederecht und das Recht auf Gehör gesichert sind. Diese beiden Rechte sind Teilnahmerechte der Wohnungseigentümer und stehen somit auch den Wohnungseigentümern und deren zugelassenen Vertretern zu, die aufgrund eines Stimmrechtsverbots an der Abstimmung nicht teilnehmen dürfen. Wortmeldungen von solchen Versammlungsteilnehmern sind daher zu akzeptieren. Der Versammlungsleiter muss dafür sorgen, dass der Wohnungseigentümer, der gerade seine Meinung vorträgt, bei seinen Ausführungen nicht durch andere Versammlungsteilnehmer unterbrochen oder gestört wird. Somit hat der Versammlungsleiter einen störungsfreien Vortrag sicherzustellen. Die Redezeit kann jedoch durch die Teilungserklärung oder Gemeinschaftsordnung beschränkt werden. Dies bedeutet aber nicht, dass diese Beschränkung im Einzelfall als Höchstzeit für jeden Vortrag eines Wohnungseigentümers gilt und andere Wohnungseigentümer nach Ablauf der vorgesehenen Redezeit die Beendigung des Vortrags verlangen können. Die in der Gemeinschaftsordnung bestimmte Redezeit soll dem Versammlungsleiter nur als Anhaltspunkt zur Beurteilung der Frage dienen, welche Redezeit im Einzelnen als angemessen anzusehen ist. Er kann somit aus gegebenen Anlass eine Überschreitung der in der Gemeinschaftsordnung vorgesehenen Redezeit zulassen. Eine Verkürzung der Redezeit ist aber nicht möglich.

Beschränkung der Redezeit möglich

In der Regel fehlen in den meisten Gemeinschaftsordnungen Beschränkungen der Redezeit. Die Eigentümerversammlung ist aber deshalb nicht gehindert, für bestimmte Beschlussanträge die

Ablauf einer Wohnungseigentümerversammlung

Redezeit für alle Wohnungseigentümer zu beschränken. Dies muss aus sachlichen Gründen, z. B. der Beschränkung der Redezeit zur ordnungsgemäßen Erledigung der Versammlungstätigkeit, gerechtfertigt sein. Die Länge der Redezeit muss sich einerseits an der Bedeutung des Beschlussthemas und andererseits an der Zahl der Versammlungsteilnehmer orientieren, welche sich zu Wort melden könnten. Überschreitet ein Wohnungseigentümer die zugelassene Redezeit, so ist der Versammlungsleiter nur dann dazu befugt, ihm das Wort zu entziehen, wenn der Wohnungseigentümer mit seinen Ausführungen von seinem Rederecht einen absolut unangemessenen Gebrauch macht und seine Rede nach einer Belehrung des Versammlungsleiters fortsetzt.

Wortentzug bei diffamierenden Äußerungen

Insbesondere kann das Wort in dem Fall entzogen werden, wenn der Wohnungseigentümer in seinem Vortrag andere Versammlungsteilnehmer diffamiert und ehrabschneidende Äußerungen tätigt, die mit der Wahrnehmung berechtigter Interessen nicht mehr vereinbar sind. Dieser Entscheidung des Versammlungsleiters, das Wort zu entziehen, kann widersprochen werden. In einem solchen Fall entscheidet letztgültig die Eigentümerversammlung mit ihrem Mehrheitswillen verbindlich, ob die vom Versammlungsleiter getroffene Entscheidung bestehen bleibt. Das Ende einer Beratung ist in der Regel dann erreicht, wenn weitere Wortmeldungen nicht mehr erfolgen. Dann kann ohne weiteres in das Abstimmungsverfahren eingetreten werden. Die Eigentümerversammlung kann mit Beschluss entscheiden, dass die Diskussion für beendet erklärt wird. Dies kann vor allem dann der Fall sein, wenn die Diskussion festgefahren ist und mit neuen Argumenten nicht zu rechnen ist.

Feststellung des Abstimmungsergebnisses

Nach der Beratung hat die Eigentümerversammlung über den hierzu gestellten Beschlussantrag abzustimmen. Hierbei muss das Abstim-

Wohnungseigentümerversammlung/Beschlussfassung

mungsergebnis festgehalten werden, da es für die Beurteilung des Beschlussergebnisses maßgebend ist.

Wird nicht nach dem Kopfprinzip, sondern nach dem Wertprinzip abgestimmt, sind im Gegensatz zum Kopfprinzip Abstimmungsergebnis und Beschlussergebnis nicht gleich. In einem solchen Fall wird anhand des Abstimmungsergebnisses ermittelt, wie viele Eigentumsanteile den Antrag befürwortet bzw. abgelehnt haben.

Abstimmungsergebnisse genau protokollieren

Nicht ausreichend ist, wenn das Protokoll lediglich folgende Feststellung enthält: „Es wurde mehrheitlich beschlossen, das Hausgeld um 25 EUR monatlich zu erhöhen." Diese Feststellung beurkundet nur eine Wertung zum Beschlussergebnis, aber keine genaue Auswertung der Mehrheitsverhältnisse. Die Richtigkeit dieses Ergebnisses kann aber nicht über den Inhalt des Protokolls nachvollzogen oder überprüft werden. Im Übrigen steht eine solche Wertung, die zutreffend oder unzutreffend sein mag, dem Protokollführer nicht zu. Wenn sich der Versammlungsleiter zur Feststellung eines Abstimmungsergebnisses auf eine entsprechend formulierte Erklärung zum Beschlussergebnis beschränkt, so hat der Versammlungsleiter ebenfalls nur eine wertende Feststellung zum Ausgang des Beschlussverfahrens getroffen. Eine solche wertende Feststellung steht ihm jedoch ebenfalls nicht zu.

Abstimmung nach dem Wertprinzip

Wird im Einzelfall nach dem Wertprinzip abgestimmt, so müssen im Protokoll die Namen der Personen festgehalten werden, welche an der Abstimmung teilgenommen haben. Das Protokoll muss das Abstimmungsergebnis zwingender Weise in der Form beurkunden, dass das Protokoll den Rückschluss auf das Beschlussergebnis ermöglicht. Das heißt, anhand der abgegebenen Stimmen können die Miteigentumsanteile ermittelt werden, und so ist es möglich, das Beschlussergebnis festzustellen.

Ablauf einer Wohnungseigentümerversammlung

> **Profi-Tipp:**
> Der Versammlungsleiter sollte eine Liste mit den Wohnungseigentümern vor sich liegen haben, auf der die Miteigentumsanteile verzeichnet sind, so dass er nur noch abzuhaken braucht, welcher Wohnungseigentümer mit Ja oder Nein gestimmt hat. Aus einer solchen Liste lässt sich dann das Beschlussergebnis ablesen.

Unwirksame Stimmrechtserklärung

Ein Wohnungseigentümer, der rechtswidrig seine Stimme abgegeben hat, kann sich nicht darauf berufen, dass der Versammlungsleiter bzw. die Eigentümerversammlung seine unwirksame Stimmrechtserklärung nicht zurückgewiesen haben. Dieser Wohnungseigentümer ist darauf hinzuweisen, dass der Versammlungsleiter kein derartiges Recht zur Zurückweisung hat. Darüber hinaus wird eine unwirksame Stimmrechtserklärung nicht durch die mangelnde Zurückweisung wirksam. Die Beurteilung, ob eine Stimmabgabe gültig oder ungültig ist, bleibt dem Gericht vorbehalten.

Einflussnahme des Versammlungsleiters nicht zulässig

Der Versammlungsleiter darf eine abgegebene Stimmrechtserklärung nicht werten und zurückweisen. Die Entscheidung eines Versammlungsleiters bezüglich einer Stimmrechtserklärung ist unwirksam, weil dem Versammlungsleiter die Entscheidungszuständigkeit zur Beurteilung dieser Frage fehlt. Dies gilt auch für den Fall, dass die Eigentümerversammlung zuvor zum Ausdruck gebracht hat, dass ein betroffener Wohnungseigentümer sein Stimmrecht nicht ausüben kann. Der Versammlungsleiter ist nicht befugt, das Ergebnis der Abstimmung in irgendeiner Weise zu beeinflussen. Er darf z. B. einzelne Wohnungseigentümer nicht an der Stimmabgabe hindern, wenn er diese für unwirksam hält. Das Abstimmungs-

Wohnungseigentümerversammlung/Beschlussfassung

ergebnis darf durch den Versammlungsleiter nicht in der Weise verfälscht werden, dass er bestimmte Stimmen nicht zählt.

Äußere Form der Abstimmung

Die äußere Form der Abstimmung ist im Gesetz nicht geregelt. In der Praxis werden zumeist Abstimmungsformen gewählt, die auch in sonstigen privatrechtlichen Verbänden üblich sind. So kann z. B. offen oder geheim abgestimmt werden. Hierbei muss die geheime Abstimmung, die sich in aller Regel bei Personalfragen anbietet, schriftlich sein. Die offene Abstimmung kann dagegen mündlich oder schriftlich erfolgen.

Offene Abstimmung

In der offenen Abstimmung ist es für jeden Versammlungsteilnehmer erkennbar, wie jeder andere Versammlungsteilnehmer abgestimmt hat. Bei einer offenen schriftlichen Stimmabgabe ist dies nicht auf den ersten Blick ersichtlich, wird aber später aus den Feststellungen des Abstimmungsergebnisses bekannt.

Geheime Abstimmung

Wichtig: Bei der geheimen Abstimmung wird dagegen nicht bekannt, welche Abstimmungserklärung der Einzelne abgegeben hat. Dies hat den Vorteil, dass jeder Wohnungseigentümer unbefangen sein Stimmrecht ausüben kann, weil er darauf vertrauen darf, dass der Inhalt seiner Stimmrechtserklärung nicht bekannt wird. Der Nachteil einer geheimen schriftlichen Abstimmung ist jedoch, dass diese sich in der Eigentümerversammlung nur schwer realisieren lässt. Schwierigkeiten ergeben sich hierbei vor allem dadurch, dass unter allen Umständen sichergestellt sein muss, dass die Person desjenigen geheim bleibt, der die Stimme abgegeben oder sich der Stimme enthalten hat. Problematisch ist hierbei vor allem, dass von den einzelnen Wohnungseigentümern auf seinen

Ablauf einer Wohnungseigentümerversammlung

Anteil umgerechnet werden muss. Dies ist aber nur möglich, wenn der betreffende Wohnungseigentümer erkennbar ist. Es ist die Erkennbarkeit des Eigentümers dann zu vermeiden, wenn Stimmzettel ausgegeben werden, die nicht den Namen des Wohnungseigentümers tragen, sondern dessen Anteile bzw. die Zahl der Stimmrechte, die der Wohnungseigentümer zur Ausübung des Stimmrechts in Anspruch nimmt. Aber mit der Feststellung des Abstimmungsergebnisses müsste ein Dritter beauftragt werden, der nicht mit den bestehenden Beteiligungsverhältnissen innerhalb der Gemeinschaft vertraut ist. Denn allein aus den Anteilsrechten könnten sich auf die Person des Stimmberechtigten Rückschlüsse ziehen lassen. Eine geheime schriftliche Abstimmung ist demzufolge zeitraubend und kostenintensiv.

Abstimmung durch Akklamation

Im Gegensatz zur geheimen schriftlichen Abstimmung kann die offene mündliche Abstimmung durch Akklamation, d. h. Zuruf, Handzeichen oder Aufstehen erfolgen. Die Stimmabgabe ist auch dadurch möglich, dass jeder einzelne Versammlungsteilnehmer namentlich aufgerufen wird und hierauf seine Erklärung abgibt.

Stimmzettel

Die offene schriftliche Abstimmung erfolgt mit Stimmzetteln, die in aller Regel schon mit dem Ladungsschreiben verschickt werden. Auf diesen Stimmzetteln sind dann Name bzw. Miteigentumsanteile und der jeweilige Beschlussgegenstand verzeichnet. Die Stimmabgabe erfolgt hierbei durch das Ankreuzen auf dem Stimmzettel bei einem Feld mit Ja oder Nein. Danach werden die Stimmzettel eingesammelt und ausgewertet. Vorteile der offenen mündlichen Abstimmung sind Schnelligkeit und Einfachheit. Die offene schriftliche Abstimmung ist hingegen schon etwas zeitintensiver, ermöglicht aber eine schnelle Auswertung der Miteigentumsanteile. Der Nachteil der offenen Abstimmung ist die feh-

Wohnungseigentümerversammlung/Beschlussfassung

lende Anonymität und die Nachvollziehbarkeit des Abstimmungsverhaltens des Einzelnen. Diese Tatsache kann manchmal für ein offenes und unbefangenes Nachbarschaftsverhältnis hinderlich sein. Es sollte aber jeder Wohnungseigentümer, der ja in der Eigentümerversammlung seine Rechte wahrt, die Courage besitzen, zu seiner Entscheidung zu stehen. Eine offene Abstimmung ist insofern in den meisten Fällen einer geheimen Abstimmung vorzuziehen, da Letztere kaum durchführbar und mit erheblichen Kosten verbunden ist.

Abstimmungsform ist freigestellt

In großen Wohnungseigentümergemeinschaften erfolgt das Abstimmungsverfahren teilweise bereits elektronisch. Für den Versammlungsleiter besteht kein Zwang zu einer bestimmten Abstimmungsform. Er kann z. B. eine Abstimmung durch Handzeichen bestimmen, wenn ein Eigentümerbeschluss zur Geschäftsordnung dem nicht entgegensteht (BayObLG, WM 1990, 403). Der Versammlungsleiter sollte nur unter besonderen, zwingenden Umständen in der Abstimmungsform variieren. Sofern ein Wohnungseigentümer der Entscheidung des Versammlungsleiters widerspricht, muss die Eigentümerversammlung über die vom Versammlungsleiter bestimmte äußere Form abstimmen. Diese Abstimmung sollte dann jedoch in der üblichen Form vonstatten gehen.

Beurteilung der Abstimmung

Das Beschlussergebnis entscheidet, ob ein Beschluss angenommen oder abgelehnt wurde. Hierbei ist gemäß der folgenden Regeln zu beurteilen, ob ein Beschluss zustande gekommen ist:

- Nur gültige Stimmabgaben wirken sich auf das Beschlussergebnis aus. Ungültige Stimmen haben kein Entscheidungsgewicht und müssen daher unberücksichtigt bleiben.

Ablauf einer Wohnungseigentümerversammlung

- Ein Beschluss ist angenommen, wenn sich über die wirksam abgegebenen Stimmen nach den Regeln der rechtsgeschäftlich begründeten Gemeinschaftsordnung die geforderte Mehrheit ergibt. Wird diese Mehrheit nicht erreicht, so ist der Beschluss auch nicht angenommen.

- Für die Berechnung der Mehrheit ist das Entscheidungsgewicht maßgebend, das den gültig abgegebenen Stimmen aufgrund ihrer Stimmkraft nach dem Gesetz bzw. nach einer Regelung der Gemeinschaftsordnung zukommt.

- Stimmenthaltungen werden nicht gewertet.

- Eine Stimme ist ungültig, wenn die betreffende Person nicht stimmberechtigt ist. Dies kann sich entweder aus einem Beschluss der Eigentümerversammlung ergeben oder aus der Gemeinschaftsordnung. Alle anderen abgegebenen Stimmen sind in der Regel gültig.

Nichtige Beschlüsse

In besonderen Ausnahmefällen ist ein gerichtliches Anfechtungsverfahren nicht möglich. Dies ist der Fall, wenn es sich um nichtige Beschlüsse handelt. Dies sind Beschlüsse, die an derart schweren Mängeln leiden, dass sie von vornherein unwirksam sind. Hierzu gehören vor allem solche Beschlüsse, die gegen zwingende gesetzliche Regelungen oder die guten Sitten verstoßen.

Wohnungseigentümerversammlung/Beschlussfassung

Wann ist ein Beschluss sicher ungültig?

Die Rechtsprechung kennt folgende Fälle ungültiger Beschlüsse:

Checkliste: Ungültiger Beschluss

- Beschluss darüber, dass Sanierungsarbeiten an Schwarzarbeiter vergeben werden sollen.
- Umlaufbeschluss, der einstimmig und schriftlich gefasst werden muss, wird nur mit Stimmenmehrheit gefasst.
- Beschluss, dass der Verwaltungsbeirat die Stellung des Verwalters übernimmt.
- Beschluss, dass der Verwalter für einen Zeitraum von mehr als fünf Jahren bestellt wird.
- Beschluss, eine BGB-Gesellschaft zur Verwaltung zu bestellen.
- Beschluss, Haustiere generell zu verbieten.
- Beschluss, Kosten in die Jahresrechnung aufzunehmen, die vor der Zeit der Entstehung der Wohnungseigentümergemeinschaft entstanden sind.
- Beschluss, dass der Verwalter ermächtigt ist, Sondereigentum in gemeinschaftliches Eigentum umzuwandeln und umgekehrt.
- Beschluss, den vom Gericht durch einstweilige Anordnung bestellten Notverwalter abzuberufen.
- Sondernutzungsrecht wird durch Mehrheitsbeschluss begründet.
- Beschluss, einen säumigen Miteigentümer Verzugszinsen in Höhe von 30 % bezahlen zu lassen.

Ablauf einer Wohnungseigentümerversammlung

noch: Checkliste: Ungültiger Beschluss

- Beschlussfassung eines inhaltlich unbestimmten Beschlusses (z. B. Beschluss über die Benutzung des Schwimmbads „wie bisher").

- Beschluss, das Abstellen eines Rollstuhls im Treppenhaus zu verbieten, obwohl keine andere Abstellmöglichkeit besteht, und die Eigentümergemeinschaft das Abstellen des Rollstuhls schon seit längerem duldet.

Wer trägt die Kosten?

Damit die Eigentümerversammlung ordnungsgemäß durchgeführt werden kann, ist sie notwendigerweise mit Kosten, wie z. B. Saalmiete oder Leihgebühr für die Lautsprecheranlage, verbunden. In aller Regel sind dies Kosten, welche die Eigentümergemeinschaft dem Verwalter erstatten muss. Diese Kosten sind als Kosten der sonstigen Verwaltung von der Eigentümergemeinschaft zu tragen. Es sei denn, die Eigentümergemeinschaft hat im Verwaltervertrag mit dem Verwalter etwas anderes vereinbart, wie z. B., dass der Verwalter diese Kosten selbst zu tragen hat.

Daher ist es sinnvoll, dass Wohnungseigentümer und Verwalter im Verwaltervertrag vereinbaren, welche Vergütung der Verwalter für die Eigentümerversammlung erhält und welche Vergütung er vor allem für eine außerordentliche Eigentümerversammlung fordern kann. Hier entsteht in der Praxis regelmäßig Streit, da für die Gebrauchsüberlassung eines Saals zur Durchführung von Wohnungseigentümerversammlungen in der Regel ein Entgelt gefordert wird, und diese Aufwendungen des Verwalters von der Eigentümergemeinschaft zu erstatten sind. Dagegen kann man einwenden, dass die Durchführung von Eigentümerversammlungen zu den gesetzlichen Aufgaben des Verwalters gehört und der Verwalter für die Erfüllung seiner Aufgaben bereits entlohnt wird, so dass er eine besondere Vergütung nur dann erhält, wenn diese ausdrücklich vereinbart ist (LG Hamburg, DWE 1988, 14).

Wohnungseigentümerversammlung/Beschlussfassung

Wie ein Beschluss angefochten werden kann

Ist ein Beschluss der Eigentümerversammlung Ihrer Meinung nach mangelhaft zustande gekommen, und wollen Sie diesen Beschluss anfechten, müssen Sie ein gerichtliches Verfahren auf Ungültigkeitserklärung durchführen. Ein einfaches, wenn auch deutliches Schreiben an den Verwalter, in dem Sie den Beschluss beanstanden, ist grundsätzlich nicht ausreichend. Die Anfechtung und Ungültigkeitserklärung muss vor dem Amtsgericht durchgeführt werden, in dessen Bezirk die Wohnanlage liegt.

Achtung: Die Anfechtungsklage muss innerhalb eines Monats nach der Beschlussfassung beim zuständigen Amtsgericht eingegangen und dem Beklagten zugestellt worden sein. Diese Frist gilt unabhängig davon, ob Sie an der Wohnungseigentümerversammlung teilgenommen haben. Ohne Bedeutung ist in diesem Fall auch, ob Ihnen zwischenzeitlich das Protokoll vorliegt. Die Anfechtungsklage ist innerhalb von zwei Monaten nach Beschlussfassung vor Gericht schriftlich zu begründen (Begründung der Klageschrift).

Gebrauch des Anfechtungsrechts prüfen

Die Besonderheit von anfechtbaren Beschlüssen ist im Gegensatz zu wirksamen und nichtigen Beschlüssen, dass sie wirksam werden und bleiben, wenn sie vom Gericht nicht für ungültig erklärt werden (BGHZ 160, 124). Insofern kann bei anfechtbaren Beschlüssen jeder Wohnungseigentümer für sich allein, aber auch der Verwalter allein entscheiden, ob er von seinem Recht auf Anfechtung Gebrauch machen will oder ob er über die Mängel des Beschlusses hinwegsieht. Anfechtbar ist ein Beschluss dann, wenn er nicht wirksam zustande gekommen ist oder inhaltliche Fehler aufweist. Dies ist vor allem dann gegeben, wenn er gegen Vereinbarungen und die Gemeinschaftsordnung verstößt. Ebenso ist er anfechtbar, wenn er gegen gesetzliche Vorschriften verstößt, welche die Eigentümerversammlung nicht abbedungen hat. Der Verstoß gegen den

Ablauf einer Wohnungseigentümerversammlung

Grundsatz der ordnungsgemäßen Verwaltung ist ebenfalls ein Anfechtungsgrund. Es bestehen nachfolgende anerkannte Mängel, die eine Anfechtung begründen.

Mängel, die Anfechtung begründen

- Die Eigentümerversammlung wird zur Unzeit einberufen, und berufstätige Wohnungseigentümer können daran nicht teilnehmen (OLG Frankfurt, OLGZ 1982, 418).

- Im Ladungsschreiben des Verwalters ist der Beschlussgegenstand in der Tagesordnung nicht oder nicht ausreichend bezeichnet (BayObLG, ZMR 1988, 149).

- Insbesondere sind Beschlüsse, die unter den Tagesordnungspunkt „Verschiedenes" oder „Sonstiges" gefasst werden, in der Regel anfechtbar (BayObLG, NJW-RR 1990, 784).

- Die Eigentümerversammlung wurde von einer unzuständigen Person einberufen, d. h. nicht vom amtierenden Verwalter oder einem einberufungsberechtigten Verwaltungsbeiratsmitglied (KG, OLGZ 1990, 422). Ausgenommen sind solche Versammlungen, deren Einberufung alle Wohnungseigentümer zugestimmt haben. Dies ist vor allem bei einer Universalversammlung anzunehmen (KG, OLGZ 1990, 422).

- Eine Anfechtung ist bei anderen Einberufungsfehlern nur dann möglich, wenn der Beschluss auf ihnen beruht. Dies ist schon dann der Fall, wenn ein Eigentümer aufgrund fehlender oder kurzfristiger Einladung an der Teilnahme oder Beeinflussung der Mehrheitsbildung und seiner Stimmrechtsausübung gehindert war. Ausnahme hierfür ist, dass die Beschlussfassung bei einer ordnungsgemäßen Ladung ebenso verlaufen wäre (BayObLG, NJW-RR 1990, 785). Nicht erforderlich ist, dass die Stimme des betroffenen Wohnungseigentümers allein für das Abstimmungsergebnis ursächlich gewesen wäre.

Wohnungseigentümerversammlung/Beschlussfassung

noch: Mängel, die Anfechtung begründen

- Ein Beschluss wird gefasst, obwohl die Eigentümerversammlung nicht mehr beschlussfähig ist (BayObLG, WM 1989, 459).

- Ein Beschluss ist nicht so protokolliert worden, wie es in der Gemeinschaftsordnung bestimmt ist (OLG Oldenburg, ZMR 1985, 30).

- Ein Beschluss steht im Widerspruch zur Gemeinschaftsordnung (OLG Hamm, OLGZ 1990, 170).

- Ein Beschluss, der nach dem Gesetz oder nach der Gemeinschaftsordnung einstimmig oder mit einer qualifizierten Mehrheit gefasst werden muss, wird durch einen einfachen Mehrheitsbeschluss verabschiedet. Das gilt z. B. für einen Beschluss über die Durchführung baulicher Änderungen, die über die ordnungsgemäße Instandhaltung und Instandsetzung hinausgehen (BayObLG, ZMR 1986, 250). Wenn aber der Versammlungsleiter die Eigentümerversammlung vor der Beschlussfassung auf die Erfordernis einer qualifizierten Mehrheit oder Einstimmigkeit hinweist und nach der Abstimmung die Ablehnung des Beschlussantrags feststellt, liegt kein Mehrheitsbeschluss, sondern ein Negativbeschluss (auch Nichtbeschluss) vor (BayObLG, DWE 1985, 56).

- Die Eigentümerversammlung hat einen mehrdeutigen Beschluss gefasst, und neue Auseinandersetzungen sind zu erwarten (BayObLG, WE 1988, 143).

- Der Beschluss ist bedeutungslos (KG, WM 1989, 91).

- Der Beschluss verstößt gegen Treu und Glauben (BayObLG, WM 1991, 130; OLG Köln, OLGZ 1982, 263; OLG Hamm, MDR 1982, 150).

Ablauf einer Wohnungseigentümerversammlung

noch: Mängel, die Anfechtung begründen

- Durch den Beschluss wird eine Abrechnung genehmigt, die nach einem anderen als nach dem vereinbarten Verteilungsschlüssel berechnet wurde (KG, DWE 1985, 126; BayObLG, WE 1990, 220).

- Es wird eine Abmahnung als Voraussetzung der Entziehung des Wohnungseigentums beschlossen, aber das beanstandete Verhalten rechtfertigt eine Abmahnung nicht oder das Verhalten ist nicht konkret genug bezeichnet worden (BayObLGZ 1985, 171).

- Der Beschluss verstößt gegen die Grundsätze der ordnungsgemäßen Verwaltung nach § 21 Abs. 3 WEG (BayObLGZ 1980, 78).

- Es wird eine unrichtige oder nicht nachvollziehbare Abrechnung bzw. ein Wirtschaftsplan mit objektiv zu hohem oder zu niedrigem Ansatz beschlossen (BayObLG, WE 1989, 64).

- Es wird beschlossen, den Wirtschaftsplan unter Vorbehalt der Richtigkeit zu genehmigen (BayObLG, WE 1990, 138).

- Durch Beschluss wird eine ungeeignete Person zum Verwalter bestellt (OLG Stuttgart, NJW-RR 1986, 317).

Keine Anfechtung von Negativbeschlüssen

Ein Negativbeschluss ist nicht anfechtbar. Er liegt vor, wenn ein Antrag nicht die Mehrheit bekommt, um beschlossen zu werden. Die Mehrheit der in der Wohnungseigentümerversammlung anwesenden Eigentümer hat somit dem Beschluss nicht zugestimmt. Gerichtlicher Antrag auf Anfechtung gegen einen solchen Nichtbeschluss wird in der Regel als Antrag auf Durchführung einer Maßnahme im Rahmen ordnungsgemäßer Verwaltung gestellt. Voraussetzung ist aber, dass der abgelehnte Beschlussantrag eine solche Maßnahme zum Gegenstand hatte.

Wohnungseigentümerversammlung/Beschlussfassung

Wie ein Antrag auf Ungültigkeitserklärung gestellt wird

Wenn ein Beschluss angefochten werden soll, müssen Sie das gerichtliche Verfahren auf Ungültigkeitserklärung durchführen. Die Anfechtungsklage wird dadurch eingeleitet, dass eine Klage auf Ungültigkeit des betreffenden Beschlusses an das Amtsgericht, Abteilung für Wohnungseigentumssachen, gerichtet wird. Mehr hierzu in Kapitel 7.

> **Profi-Tipp:**
>
> Eine weitere Möglichkeit ist die Protokollierung eines bei der Geschäftsstelle des zuständigen Amtsgerichts mündlich vorgetragenen Antrags. Hier wird Ihnen in aller Regel weitergeholfen, wenn Sie sich nicht schon eines Rechtsanwalts bedienen.

Vetorecht des Wohnungseigentümers

Beschließt die Wohnungseigentümergemeinschaft bauliche Veränderungen, so haben Sie ein Vetorecht.

Dieses Vetorecht besteht für Sie, den Eigentümer, unabhängig davon, ob ein einzelner oder mehrere Eigentümer der baulichen Veränderung widersprechen, nur dann, wenn Ihnen durch das konkrete Vorhaben ein Nachteil erwächst. Dieser Nachteil muss über das bei einem geordneten Zusammenleben unvermeidliche Maß hinausgehen. In diesem Zusammenhang ist jede nicht ganz unerhebliche Beeinträchtigung ein Nachteil. Dies ist für den konkreten Einzelfall neu zu prüfen. Berücksichtigen Sie dabei immer, ob bei der baulichen Veränderung ein gemeinschaftlicher Zweck verfolgt wird oder es sich hierbei um einen Sonderwunsch eines einzelnen Wohnungseigentümers handelt.

Ablauf einer Wohnungseigentümerversammlung

Aufteilung der möglichen Nachteile

Die Nachteile, die durch bauliche Veränderungen entstehen können, lassen sich trotz der Vielfalt ihrer denkbaren Möglichkeiten in folgende Gruppen einteilen:

- Der optische Gesamteindruck der Wohnanlage bzw. das architektonische Bild verändert sich.
- Die baulichen Veränderungen führen zu einer Beeinträchtigung der Sicherheit und der Stabilität des Hauses.
- Die Veränderungen beschränken einen Miteigentümer in seinem Recht, die Sachen, die im gemeinschaftlichen Eigentum stehen, zu gebrauchen. Das trifft auch dann zu, wenn nur ein einziger Wohnungseigentümer in seinen Rechten beschränkt ist.
- Die Veränderungen erzeugen ein erhöhtes Maß an Lärm, Schmutz oder Geruchsemissionen.
- Für einzelne, wenige Wohnungseigentümer bewirkt die Veränderung eine Verbesserung oder einen bequemeren und einträglicheren Gebrauch der im Gemeinschaftseigentum stehenden Sachen, wohingegen sich der Nutzen für die übrigen Eigentümer erschwert.
- Die Veränderung führt zu einer neuen Zweckbestimmung der betreffenden Flächen und Räume.

Kostentragung

Ein nicht unerheblicher Nachteil besteht auch bei denjenigen baulichen Veränderungen, welche die Wohnungseigentümer zusätzlich finanziell belasten. Dies ist vor allem der Fall, wenn die widersprechenden Eigentümer von der Kostentragungspflicht befreit werden. Dies trifft zu, wenn die Eigentümerversammlung z. B. beschließt, von einer Antennenanlage auf Kabelempfang umzurüsten. Die Eigentümer, die daran nicht interessiert sind, brauchen die mit der Umrüstung und mit dem Betrieb des Kabelanschlusses verbundenen zusätzlichen Kosten nicht tragen.

Wohnungseigentümerversammlung/Beschlussfassung

Häufige Streitpunkte bei baulichen Veränderungen

Die folgenden Punkte sind eine Zusammenstellung wichtiger Hinweise zu Praxisfällen, die in Wohnungseigentümergemeinschaften häufig zu Meinungsverschiedenheiten führen. Die Darstellung orientiert sich an den einschlägigen Gerichtsentscheidungen, kann aber lediglich als Orientierungshilfe betrachtet werden, da in der Praxis der konkret vorliegende Einzelfall geprüft werden muss. Bei Streitfällen innerhalb der Wohnungseigentümergemeinschaft ist der Gang zum Rechtsanwalt daher geboten.

Streitpunkte bei baulichen Veränderungen

Bauliche Veränderung	Beurteilung
Außenjalousien	Wenn Außenjalousien nachträglich an Fenstern und Balkontüren einzelner Wohnungen einer Wohnanlage angebracht werden, so wirkt sich dies in der Regel ungünstig auf das Gesamtbild der Anlage aus. Dies stellt für die übrigen Wohnungseigentümer einen Nachteil dar, der über das bei einem geordneten Zusammenleben unvermeidbare Maß hinausgeht. Solche baulichen Veränderungen müssen Sie nicht dulden, da sie den optischen Gesamteindruck der Wohnanlage beeinträchtigen.
Balkone	Der architektonische Gesamteindruck der Wohnanlage wird auch durch nachträgliche Vollverglasung von Balkonen geändert. Eine solche Maßnahme stellt ebenfalls eine bauliche Veränderung dar, die von den Wohnungseigentümern nicht geduldet werden muss. Dies gilt auch dann, wenn die Gemeinschaftsordnung die Balkone dem Sondereigentum zuordnet. Wird dies

Ablauf einer Wohnungseigentümerversammlung

noch: Streitpunkte bei baulichen Veränderungen

Bauliche Veränderung	Beurteilung
	von den übrigen Miteigentümern gewünscht, so muss der betroffene Eigentümer die Vollverglasung wieder entfernen.
Dachgeschossausbau	Der nachträgliche, eigenmächtige Ausbau eines Dachbodenraums muss von den übrigen Wohnungseigentümern nicht geduldet werden. Dies gilt auch dann, wenn der betroffene Raum im Sondereigentum steht. Ausbauen heißt in diesem Zusammenhang, dass ein Wasseranschluss gelegt wird und die dazu gehörigen Abflussleitungen und Heizkörper installiert werden. Durch eine damit mögliche intensive Nutzung des Dachbodenraums werden die übrigen Miteigentümer in ihren Rechten beeinträchtigt. Dasselbe gilt auch für den Fall, dass eine Decke durchbrochen wird, so dass die Dachgeschoßräume in die Wohnung miteinbezogen werden können.
Dachterrasse	Im Rahmen einer ordnungsgemäßen Instandhaltung und Instandsetzung des Gemeinschaftseigentums bewegt sich das Dämmen und Isolieren von Dachterrassen. Die hierfür notwendigen Arbeiten können somit auch gegen den Willen einzelner Wohnungseigentümer beschlossen werden.
Energieversorgung	Eine bauliche Veränderung ist auch der Einbau einer eigenen Heizungsanlage, wenn sie den Fernwärmeanschluss ersetzen soll. Das gleiche gilt auch für die Still-

Wohnungseigentümerversammlung/Beschlussfassung

noch: Streitpunkte bei baulichen Veränderungen

Bauliche Veränderung	Beurteilung
	legung einer gemeinschaftlichen Gasleitung bei Anschaffung einer Elektroheizung. Werden dagegen Versorgungsleitungen in Hobby- oder Kellerräume verlegt, handelt es sich hierbei in der Regel um Vorhaben, die einer ordnungsgemäßen Verwaltung entsprechen. Wenn Sie z. B. eine Elektroleitung in Ihren Hobbyraum verlegen, muss dies von den übrigen Wohnungseigentümern geduldet werden. Die betreffenden Leitungen müssen aber so verlegt werden, dass sie das Sondereigentum anderer Wohnungseigentümer nicht beeinträchtigen. Ist dies der Fall, müssen die Wohnungseigentümer der betroffenen Wohnungen dazu ihre Zustimmung geben.
Fenster	Eine modernisierende Instandsetzung ist dann gegeben, wenn Holzfenster gegen ähnlich gestaltete Kunststoff-Fenster ausgetauscht werden. Für solche Fälle reicht ein Mehrheitsbeschluss der Eigentümerversammlung aus. Hierbei müssen die Eigentümer unerhebliche Unterschiede in der Oberflächenstruktur und möglicherweise auch in der Farbe hinnehmen. Ebenso bewegt sich das Anstreichen der Außenseiten von Holzfenstern im Rahmen der ordnungsgemäßen Instandhaltung. Dabei sei darauf hingewiesen, dass die Außenseiten der Fenster, ebenso wie Fensterläden oder Holzverkleidungen und Balkonbrüstungen, Gemeinschaftseigentum

Ablauf einer Wohnungseigentümerversammlung

noch: Streitpunkte bei baulichen Veränderungen

Bauliche Veränderung	Beurteilung
	sind. Eine nachträgliche bauliche Veränderung ist beim nachträglichen Einbau von Fenstern gegeben. Eine derartige Maßnahme muss von den übrigen Wohnungseigentümern nicht geduldet werden. Dies gilt insbesondere für den Einbau von sogenannten Dachflächenfenstern. Hierbei macht es jedoch keinen Unterschied, ob eine bisherige Dachluke ersetzt wird oder das Dachflächenfenster erstmals eingebaut wird. Eine solche Maßnahme ist immer zustimmungsbedürftig. Dies gilt auch, wenn durch den Fensterumbau der Gesamteindruck der Wohnanlage nicht beeinträchtigt wird und die Dachstabilität nicht in Mitleidenschaft gezogen wird.
Garagen	Werden Fertiggaragen oder ein Carport auf Gemeinschaftseigentum errichtet, wird dadurch der Gesamteindruck der Wohnanlage verändert. Dies muss von den übrigen Wohnungseigentümern nicht geduldet werden.
Gartengestaltung	In der Eigentümerversammlung kann durch Mehrheitsbeschluss bestimmt werden, wie gemeinschaftliche Gartengrundstücke gestaltet werden. Dies gilt nicht, wenn in der Gemeinschaftsordnung oder in der Teilungserklärung etwas anderes verbindlich festgelegt wurde. Bei der gärtnerischen Gestaltung des Gemeinschaftseigentums ist auf die Beschaffenheit des Grundstücks und auf die Interessen der Wohnungseigentümer Rücksicht zu neh-

Wohnungseigentümerversammlung/Beschlussfassung

noch: Streitpunkte bei baulichen Veränderungen

Bauliche Veränderung	Beurteilung
	men. Keine bauliche Veränderung ist hierbei die Anpflanzung einer Hecke. Wenn aber ein Plattenweg auf einer Rasenfläche angelegt wird, stellt dies eine bauliche Veränderung dar. Diese hält sich in der Regel im Rahmen einer modernisierenden Instandsetzung und kann somit von der Mehrheit in der Eigentümerversammlung beschlossen werden.
Loggia	Für Loggien gilt in aller Regel dasselbe wie für Balkone. Die Verglasung einer Loggia stellt z. B. ebenfalls eine bauliche Veränderung dar.
Stellplätze	Eine bauliche Veränderung ist dann gegeben, wenn Pkw-Stellplätze auf gemeinschaftlichen Flächen errichtet werden, und dadurch eine Änderung der Zweckbestimmung der gemeinschaftlichen Fläche entsteht. Solchen Stellplätzen müssen deshalb alle Wohnungseigentümer zustimmen. Dies ist aber dann nicht der Fall, wenn ehemals vorhandene Abstellplätze neu eingeteilt werden. In letzterem Fall handelt es sich um eine Gebrauchsänderung, die von der Eigentümerversammlung beschlossen werden kann.
Terrassen	Das Anlegen einer eigenen Terrasse stellt eine bauliche Veränderung dar. Durch sie wird der architektonische Gesamteindruck verändert, wodurch die Zustimmung aller Wohnungseigentümer erforderlich wird. Ebenso wird der optische Gesamteindruck

Ablauf einer Wohnungseigentümerversammlung

noch: Streitpunkte bei baulichen Veränderungen

Bauliche Veränderung	Beurteilung
	von einer eigenmächtig vorgenommenen Terrassenverglasung verändert. Hierfür ist ebenfalls die Zustimmung aller Wohnungseigentümer erforderlich. Vergleichbar dazu ist die Errichtung einer Pergola über einer Terrasse.
Wanddurchbruch	Werden Decken oder Wände durchbrochen, z. B. für den Einbau einer Wendeltreppe, so stellt dies einen erheblichen Eingriff in die Statik und Substanz des Gebäudes dar. Dies gilt vor allem dann, wenn es sich um tragende Wände handelt. Für solche Maßnahmen ist immer die Zustimmung aller Wohnungseigentümer notwendig, da die Maßnahme ansonsten unzulässig ist.
Wasseruhr	Wird eine Zweitwasseruhr eingebaut, stellt dies eine bauliche Veränderung dar. Ausnahmsweise ist aber hierfür nicht die Zustimmung der Wohnungseigentümer bzw. aller Wohnungseigentümer erforderlich. Dabei entstehen den Wohnungseigentümern durch den Einbau der Wasseruhr zusätzliche Kosten, aber diese Kosten gehen nicht über das Maß hinaus, welches das einzelne Mitglied der Eigentümergemeinschaft hinzunehmen hat. Da die Vorteile einer Wasseruhr über ihre Nachteile überwiegen, kann der Einbau einer solchen Wasseruhr auch den Eigentümern zugemutet werden, die den Einbau abgelehnt haben. Denn durch die Wasseruhr kann eine verbrauchsabhängige und damit einzelfallgerechte Abrechnung erstellt werden.

Wohnungseigentümerversammlung/Beschlussfassung

noch: Streitpunkte bei baulichen Veränderungen

Bauliche Veränderung	Beurteilung
Zäune	Eine bauliche Veränderung ist gegeben, wenn ein Zaun auf dem Grundstück errichtet wird. Dies gilt nicht, wenn die Umzäunung gemäß der Teilungserklärung eine Vervollständigung der Wohnanlage darstellt. Grenzen Wohnungseigentümer ihre Gartenfläche durch Maschendrahtzaun ab, stellt dies eine bauliche Veränderung dar. Diese bauliche Veränderung muss aber von den übrigen Wohnungseigentümern geduldet werden, da ihnen keine Nachteile daraus entstehen. Dies ist auch dann der Fall, wenn durch den Zaun ein großzügiger Charakter der Anlage verloren geht. Die Umzäunung entspricht dem natürlichen Wohnbedürfnis des Wohnungseigentümers und dient darüber hinaus auch dazu, ungebetene Gäste von der Gartenfläche fernzuhalten. Wenn aber ein einzelner Wohnungseigentümer einen hohen, massiven Holzzaun als Windschutz errichten will, so ist dies eine bauliche Veränderung, die nicht geduldet werden muss. Durch einen solchen Holzzaun würde das gesamte äußere Bild der Anlage erheblich beeinträchtigt werden. Somit wäre hierfür die Zustimmung aller Wohnungseigentümer erforderlich.

Gerichtsverfahren

7

1. Einteilung der Gerichtsbarkeit 206

2. Antragstellung vor Gericht 208

3. Beteiligte 209

4. Rechtsmittel und Rechtskraft 210

5. Kosten des Gerichtsverfahrens 210

6. Anfechtungsklage nach § 46 WEG . . . 211

Gerichtsverfahren

1. Einteilung der Gerichtsbarkeit

Aufgrund der Rechtsordnung der Bundesrepublik Deutschland findet jeder Bürger Rechtsschutz. Diese Rechtsordnung bietet ihm mit den verschiedenen Gerichtsverfahren die Möglichkeit, dass er sich vor einer Verletzung seiner Rechtsgüter schützen kann. Wenn Sie nun eines Ihrer Rechtsgüter gefährdet oder verletzt sehen, können Sie sich an das örtlich und sachlich zuständige Gericht wenden, damit Ihnen Rechtsschutz gewährt wird. Für die unterschiedlichen Arten der Rechtsstreitigkeiten hat das Gesetz verschiedene sachliche Zuständigkeiten der Gerichte geschaffen.

In der Bundesrepublik Deutschland teilt sich die gesamte Gerichtsbarkeit auf insgesamt fünf Gerichtszweige auf. Diese fünf Gerichtszweige haben jeweils eine eigene Verfahrensordnung und sind organisatorisch selbstständig.

Gerichtsbarkeit der Bundesrepublik Deutschland

	Ordentliche Gerichtsbarkeit	Verwaltungsgerichtsbarkeit	Finanzgerichtsbarkeit	Arbeitsgerichtsbarkeit	Sozialgerichtsbarkeit
Verfahrensordnung	Gerichtsverfassungsgesetz (GVG)	Verwaltungsgerichtsordnung (VWGO)	Finanzgerichtsordnung (FGO)	Arbeitsgerichtsgesetz (ArbGG)	Sozialgerichtsgesetz (SGG)
1. Instanz	Amtsgericht oder Landgericht	Verwaltungsgericht	Finanzgericht	Arbeitsgericht	Sozialgericht
2. Instanz	Landesgericht oder Oberlandesgericht	Verwaltungsgerichtshof oder Oberverwaltungsgericht	–	Landesarbeitsgericht	Landessozialgericht
3. Instanz	Oberlandesgericht oder Bundesgerichtshof in Karlsruhe	Bundesverwaltungsgericht in Berlin	Bundesfinanzhof in München	Bundesarbeitsgericht in Kassel	Bundessozialgericht in Kassel

Einteilung der Gerichtsbarkeit

In § 43 WEG heißt es, dass das Gericht örtlich zuständig ist, in dessen Bezirk das Grundstück liegt. Gerichtsstandvereinbarungen sind gemäß § 40 Abs. 2 Satz 1 Nr. 2 ZPO unzulässig. Gemäß § 23 Nr. 2 GVG ist für Rechtsstreitigkeiten nach § 43 Nr. 1–4 und Nr. 6 WEG im ersten Rechtszug das Amtsgericht ausschließlich sachlich zuständig.

Dies betrifft die Streitigkeiten über

- die sich aus der Gemeinschaft der Wohnungseigentümer und aus der Verwaltung des gemeinschaftlichen Eigentums ergebenden Rechte und Pflichten der Wohnungseigentümer untereinander.

- die Rechte und Pflichten zwischen der Gemeinschaft der Wohnungseigentümer und der Wohnungseigentümer.

- die Rechte und Pflichten des Verwalters bei der Verwaltung des gemeinschaftlichen Eigentums.

- die Gültigkeit der Beschlüsse der Wohnungseigentümer.

- Mahnverfahren, wenn die Gemeinschaft der Wohnungseigentümer Antragsteller ist.

Die sachliche Zuständigkeit bei Klagen Dritter, die sich gegen die Gemeinschaft der Wohnungseigentümer oder gegen Wohnungseigentümer richten und sich auf das gemeinschaftliche Eigentum, seine Verwaltung oder das Sondereigentum beziehen, ist nicht ausschließlich geregelt, so dass sich der Fall des § 43 Nr. 5 WEG nach allgemeinen Vorschriften über die sachliche Zuständigkeit regelt. D. h., für Streitigkeiten über Ansprüche bis 5.000 EUR ist gemäß § 23 Abs. 1 GVG das Amtsgericht zuständig, für Streitigkeiten, welche die Summe von 5.000 EUR übersteigen, gemäß § 71 Abs. 1 GVG das Landgericht.

Gerichtsverfahren

2. Antragstellung vor Gericht

In einem WEG-Verfahren kann das Gericht niemals ohne eine Klage tätig werden. Das heißt, das Gericht wird immer nur aufgrund einer Klage ein WEG-Verfahren nach § 43 ff. WEG einleiten.

Zulässigkeit der Antragstellung

Häufig kann ein Antrag nur aufgrund eines Mehrheitsbeschlusses der Wohnungseigentümerversammlung gestellt werden. Bei Anträgen, welche die Rechte und Pflichten der Wohnungseigentümer zum Gegenstand haben, kann jeder einzelne Wohnungseigentümer einen Antrag bei Gericht stellen. Anders ist es, wenn es um Ansprüche der gesamten Gemeinschaft wie z. B. des gemeinschaftlichen Eigentums geht. Hier kann z. B. der einzelne Wohnungseigentümer einen anderen Eigentümer nicht auf die Nachzahlung des Hausgeldes verklagen. Ein solcher Antrag müsste von der Mehrheit der Wohnungseigentümer getragen werden. Der einzelne Eigentümer hat jedoch wiederum dann ein persönliches Antragsrecht, wenn er einen Wirtschaftsplan oder eine Jahresabrechnung haben möchte. So ist der Einzelne antragsberechtigt, wenn es um die Rechte und Pflichten des Verwalters geht. Denn jeder einzelne Eigentümer kann eine ordnungsgemäße Verwaltung fordern. Wenn durch die Verwaltung ein Schaden entstanden ist, welcher die Wohnungseigentümergemeinschaft betrifft, so kann nur diese aufgrund eines Mehrheitsbeschlusses ihre Schadensersatzansprüche geltend machen.

Anspruch gegen Dritte

Wird ein Dritter gegen die Wohnungseigentümer haftbar gemacht, können diese Schadensersatzansprüche wiederum nur aufgrund einer gemeinsamen Entscheidung der Wohnungseigentümer geltend gemacht werden. Den Antrag, dass ein Beschluss der Wohnungseigentümerversammlung für ungültig erklärt wird, kann wiederum jeder einzelne Wohnungseigentümer stellen. Der Verwalter ist selbst wiederum antragsberechtigt, wenn sich dieses aus seinen Rechten und Pflichten als Verwalter ergibt. Für den Fall, dass ein Notverwalter durch das Gericht bestellt werden muss, ist hierzu wiederum jeder einzelne Wohnungseigentümer berechtigt. Aber auch Dritte können einen solchen Antrag stellen. Dies können z. B. Mieter sein, welche erkennen, dass die Wohnungseigentumsanlage längere Zeit ohne Verwalter ist, oder ein Grundschuldgläubiger. Ein solcher Antrag muss durch den Antragsteller beim zuständigen Gericht schriftlich eingereicht werden.

3. Beteiligte

Beteiligte bei einem WEG-Verfahren können sein:

- Sämtliche Wohnungseigentümer, wenn es um die Rechte und Pflichten der Wohnungseigentümer untereinander geht.
- Der Verwalter, wenn es um die Rechte und Pflichten des Verwalters geht bzw. bei Anfechtung von Beschlüssen. In beiden Fällen ist natürlich auch der einzelne Wohnungseigentümer antragsberechtigt.
- Die Wohnungseigentümer und der Dritte, wenn es um das Eigentum oder die Verwaltung der Gemeinschaft geht.

Somit sind grundsätzlich alle Wohnungseigentümer Verfahrensbeteiligte, wenn sich ein Antrag gegen die Wohnungseigentümergemeinschaft als Gesamtheit richtet oder diese selbst einen Antrag stellt. Die Beteiligung aller Wohnungseigentümer ist daher notwendig, weil ein rechtskräftiges Urteil für und gegen alle Wohnungseigentümer gilt. Sofern ein Beschluss der Wohnungseigentümer angefochten wird, oder es um die Rechte und Pflichten des Verwalters geht, ist auch dieser Verfahrensbeteiligter. Wenn ein Dritter, d. h. weder der Verwalter, noch ein Wohnungseigentümer, einen Antrag auf Einsetzung eines Notverwalters gestellt hat, so ist auch dieser Dritte verfahrensbeteiligt. Ein Ausnahme davon, dass alle Wohnungseigentümer Verfahrensbeteiligte sind, liegt dann vor, wenn die übrigen Wohnungseigentümer vom Verfahrensge-

Gerichtsverfahren

genstand nicht betroffen werden. Dies ist der Fall, wenn in einer großen Wohnungseigentümeranlage mit mehreren Häusern lediglich die Benutzungsfrage innerhalb eines Wohnblocks geregelt werden muss. Verfahrensbeteiligte wären in diesem Fall dann die Eigentümer dieses einen Wohnblocks. Das erkennende Gericht hat in einem WEG-Verfahren alle Beteiligten zu hören und diesen die Entscheidung des Gerichts bekannt zu machen. Daher sind auch die Verfahrensbeteiligten beschwerdeberechtigt und können gegen eine Entscheidung des Gerichts Beschwerde einlegen.

Wichtig: Grundsätzlich wird der Richter nur auf Ihren Antrag hin tätig.

Achtung: Die Verhandlung vor dem Richter findet im WEG-Verfahren öffentlich statt.

4. Rechtsmittel und Rechtskraft

Wenn der Richter in einem WEG-Verfahren eine Entscheidung trifft, ist gegen diese Entscheidung die Berufung bzw. Revision zulässig.

5. Kosten des Gerichtsverfahrens

Im Grundsatz gelten die allgemeinen Kostenvorschriften der § 91 ff. ZVO, d.h. die unterlegene Partei hat die Kosten des Verfahrens (Gerichtskosten und Anwaltskosten) zu tragen. Sofern das Gericht bei seiner Entscheidung ein Ermessen hat, z.B. bei Entscheidungen nach § 21 Abs. 8 WEG, können ausnahmsweise die Kosten gemäß § 49 Abs. 1 WEG nach billigem Ermessen verteilt werden.

Gerichtskosten und Anwaltsgebühren

Die Gerichtskosten, welche zu erstatten sind, richten sich nach der Kostenordnung. Die Gebühren sind in der Regel niedriger als die Gebühren nach dem Gerichtskostengesetz, welches für den Zivilprozess gilt. Für die Kosten des Rechtsanwalts gilt das Rechtsanwaltsvergütungsgesetz (RVG). Die Höhe der Kosten und Gebühren richtet sich immer nach dem Geschäftswert. Je höher dieser ist, desto höher sind auch die Gerichtskosten und Anwaltsgebühren.

6. Anfechtungsklage nach § 46 WEG

Wenn Sie einen Beschluss anfechten wollen, müssen Sie ein gerichtliches Verfahren auf Ungültigkeitserklärung durchführen. Ein einfaches, wenn auch deutliches Schreiben an den Verwalter, in dem Sie den Beschluss beanstanden, ist grundsätzlich nicht ausreichend. Die Anfechtung und Ungültigkeitserklärung muss vor dem Amtsgericht durchgeführt werden, in dessen Bezirk die Wohnanlage liegt.

Die Besonderheit von anfechtbaren Beschlüssen ist im Gegensatz zu wirksamen und nichtigen Beschlüssen, dass sie wirksam werden und bleiben, wenn sie vom Gericht nicht für ungültig erklärt werden (BGHZ 160, 124). Daher kann bei anfechtbaren Beschlüssen jeder Wohnungseigentümer, aber auch der Verwalter, für sich allein entscheiden, ob er von seinem Recht auf Klage Gebrauch machen will, oder ob er über die Mängel des Beschlusses hinwegsieht.

Ein Beschluss ist anfechtbar, wenn er nicht wirksam zustande gekommen ist oder inhaltliche Fehler aufweist, indem er z. B. gegen Vereinbarungen und die Gemeinschaftsordnung oder gegen gesetzliche Vorschriften verstößt, welche die Eigentümerversammlung nicht abbedungen hat. Der Verstoß gegen den Grundsatz der ordnungsgemäßen Verwaltung ist ebenfalls ein Anfechtungsgrund.

Klagegründe

Als Klagegründe sind die folgenden Mängel anerkannt:

- Ein Beschluss, der nach dem Gesetz oder nach der Gemeinschaftsordnung einstimmig oder mit einer qualifizierten Mehrheit gefasst werden muss, wird durch einen einfachen Mehrheitsbeschluss verabschiedet. Das gilt z. B. für einen Beschluss

Gerichtsverfahren

über die Durchführung baulicher Änderungen, die über die ordnungsgemäße Instandhaltung und Instandsetzung hinausgehen (BayObLG, ZMR 1986, 250). Wenn aber der Versammlungsleiter die Eigentümerversammlung vor der Beschlussfassung auf das Erfordernis einer qualifizierten Mehrheit oder Einstimmigkeit hinweist, und nach der Abstimmung die Ablehnung des Beschlussantrags feststellt, liegt kein Mehrheitsbeschluss, sondern ein Negativbeschluss (auch Nichtbeschluss) vor (BayObLG, DWE 1985, 56).

- Im Ladungsschreiben des Verwalters ist der Beschlussgegenstand in der Tagesordnung nicht oder nicht ausreichend bezeichnet (BayObLG, ZMR 1988, 149).

- Insbesondere sind Beschlüsse, die unter den Tagesordnungspunkt „Verschiedenes" oder „Sonstiges" gefasst werden, in der Regel anfechtbar (BayObLG, NJW-RR 1990, 784).

- Die Eigentümerversammlung wird zur Unzeit einberufen, und berufstätige Wohnungseigentümer können daran nicht teilnehmen (OLG Frankfurt, OLGZ 1982, 418).

- Die Eigentümerversammlung wurde von einer unzuständigen Person einberufen, also nicht vom amtierenden Verwalter oder einem einberufungsberechtigten Verwaltungsbeiratsmitglied (KG, OLGZ 1990, 422). Ausgenommen sind solche Versammlungen, deren Einberufung alle Wohnungseigentümer zugestimmt haben. Dies ist vor allem bei einer Universalversammlung anzunehmen (KG, OLGZ 1990, 422).

- Eine Anfechtung ist bei anderen Einberufungsfehlern nur dann möglich, wenn der Beschluss auf ihnen beruht. Dies ist schon dann der Fall, wenn ein Eigentümer aufgrund fehlender oder kurzfristiger Einladung an der Teilnahme oder Beeinflussung der Mehrheitsbildung und seiner Stimmrechtsausübung gehindert war. Ausnahme hierfür ist, dass die Beschlussfassung bei einer ordnungsgemäßen Ladung ebenso verlaufen wäre (BayObLG, NJW-RR 1990, 785). Nicht erforderlich ist, dass die Stimme des

Anfechtungsklage nach § 46 WEG

betroffenen Wohnungseigentümers allein für das Abstimmungsergebnis ursächlich gewesen wäre.

- Ein Beschluss wird gefasst, obwohl die Eigentümerversammlung nicht mehr beschlussfähig ist (BayObLG, WM 1989, 459).

- Ein Beschluss ist nicht so protokolliert worden, wie es in der Gemeinschaftsordnung bestimmt ist (OLG Oldenburg, ZMR 1985, 30).

- Ein Beschluss steht im Widerspruch zur Gemeinschaftsordnung (OLG Hamm, OLGZ 1990, 170).

- Der Beschluss verstößt gegen Treu und Glauben (BayObLG, WM 1991, 130; OLG Köln, OLGZ 1982, 263; OLG Hamm, MDR 1982, 150).

- Die Eigentümerversammlung hat einen mehrdeutigen Beschluss gefasst und neue Auseinandersetzungen sind zu erwarten (BayObLG, WE 1988, 143).

- Der Beschluss verstößt gegen die Grundsätze der ordnungsgemäßen Verwaltung nach § 21 Abs. 3 WEG (BayObLGZ 1980, 78).

- Der Beschluss ist bedeutungslos (KG, WM 1989, 91).

- Durch den Beschluss wird eine Abrechnung genehmigt, die nach einem anderen als nach dem vereinbarten Verteilungsschlüssel berechnet wurde (KG, DWE 1985, 126; BayObLG, WE 1990, 220).

- Es wird eine Abmahnung als Voraussetzung der Entziehung des Wohnungseigentums beschlossen, aber das beanstandete Verhalten rechtfertigt eine Abmahnung nicht oder ist nicht konkret genug bezeichnet worden (BayObLGZ 1985, 171).

- Es wird beschlossen, den Wirtschaftsplan unter Vorbehalt der Richtigkeit zu genehmigen (BayObLG, WE 1990, 138).

Gerichtsverfahren

- Wenn einem Miteigentümer das Musizieren nur zwischen 10.15 und 11.30 Uhr erlaubt wird und es so zu einem faktischen Musizierverbot kommt, das gegen Art. 2 Abs. 1 GG verstößt, weil es sittenwidrig ist (OLG Hamm, OLGZ 1986, 167; OLG Hamburg, WuM 1999, 230).

- Es wird eine unrichtige oder nicht nachvollziehbare Abrechnung bzw. ein Wirtschaftsplan mit objektiv zu hohem oder zu niedrigem Ansatz beschlossen (BayObLG, WE 1989, 64).

- Durch Beschluss wird eine ungeeignete Person zum Verwalter bestellt (OLG Stuttgart, NJW-RR 1986, 317).

- Ein sogenannter Negativbeschluss ist nicht anfechtbar. Ein solcher Nichtbeschluss liegt dann vor, wenn ein Antrag nicht die Mehrheit bekommt, um beschlossen zu werden. Die Mehrheit der in der Wohnungseigentümerversammlung anwesenden Eigentümer hat also dem Beschluss nicht zugestimmt. Gerichtlicher Antrag auf Anfechtung gegen einen solchen Nichtbeschluss wird in der Regel als Antrag auf Durchführung einer Maßnahme im Rahmen ordnungsgemäßer Verwaltung gestellt. Voraussetzung ist aber, dass der abgelehnte Beschlussantrag eine solche Maßnahme zum Gegenstand hatte.

Klage innerhalb eines Monats

Achtung: Die Klage auf Anfechtung muss innerhalb eines Monats nach der Beschlussfassung rechtshängig sein. Diese Frist gilt unabhängig davon, ob Sie an der Wohnungseigentümerversammlung teilgenommen haben. Ohne Bedeutung ist in diesem Fall auch, ob Ihnen zwischenzeitlich das Protokoll vorliegt. Für die Klage in ZPO-Verfahren ist es wichtig, dass mit Klageeinreichung die Gerichtskosten eingezahlt werden. Denn nur dann wird die Klage der Gegenseite zugestellt und ist rechtshängig. D. h., wenn die Gerichtskosten nicht eingezahlt werden, wird die Klage nicht rechtshängig und die Klagefrist kann versäumt werden.

Anfechtungsklage nach § 46 WEG

Klage auf Ungültigkeitserklärung

Wenn ein Beschluss angefochten werden soll, müssen Sie das gerichtliche Verfahren auf Ungültigkeitserklärung durchführen. Das Anfechtungsverfahren wird dadurch eingeleitet, dass eine Klage auf Ungültigkeitserklärung des betreffenden Beschlusses an das Amtsgericht, Abteilung für Wohnungseigentumssachen gerichtet wird. Für den juristischen Laien ist es in vielen Fällen schwierig auf Anhieb zu erkennen, in welchem Amtsgerichtsbezirk sich die Wohnanlage befindet. Im Falle der Beschlussanfechtung ist es daher ratsam einen Rechtsanwalt aufzusuchen. Wird ein Antrag an ein örtlich unzuständiges Gericht gestellt, gilt die Antragsfrist als eingehalten, wenn der Antrag nach Bekanntwerden der Unzuständigkeit des Gerichts an das zuständige Gericht überstellt wird (BayObLGZ 1986, 233; a. A. OLG Braunschweig, OLGZ 1989, 87).

Begründung in zwei Monaten

Die Klage muss nicht sofort eine Begründung enthalten und nicht alle Beteiligten, die in der Versammlung anwesend waren, bezeichnen. Dies muss gemäß § 46 Abs. 1 WEG binnen zwei Monaten nach Beschlussfassung nachgeholt werden. Wird diese Frist versäumt, ist die Klage als unzulässig abzuweisen. Die Beteiligten müssen bis zur letzten mündlichen Verhandlung benannt werden. Der Klageantrag muss jedoch den Beschluss, der für ungültig erklärt werden soll, exakt und bestimmbar bezeichnen. Das Gericht ist streng an die gestellte Klage gebunden.

Teilbeschränkung möglich

Sie können den Antrag auch nur auf Teile eines Beschlusses beschränken, z. B. auf einzelne Positionen der Jahresabrechnung. Zulässig ist aber auch, sämtliche Beschlüsse einer Eigentümerversammlung anzufechten. Wenn Sie den Antrag zu einem späteren Zeitpunkt konkretisieren und nur noch bestimmte Beschlüsse für ungültig erklären lassen wollen, so ist darin eine Antragsrück-

Gerichtsverfahren

nahme bezüglich der zurückgezogenen Beschlüsse zu sehen. Hierbei ist zu beachten, dass Sie den Antrag später nicht mehr auf die Beschlüsse, die in der Antragsrücknahme genannt wurden, erweitern können. Wenn sich herausstellt, dass der von Ihnen angefochtene Beschluss nicht nur anfechtbar, sondern sogar nichtig ist, so wird Ihr Antrag auf Ungültigkeitserklärung in einen Antrag auf Feststellung der Nichtigkeit umgedeutet.

Antragsberechtigung

Bis zu seiner Abberufung ist der Verwalter kraft seines Amts antragsberechtigt. Gegen einen Abberufungsbeschluss der Wohnungseigentümerversammlung ist er jedoch bis zur Bestandskraft dieses Beschlusses, also innerhalb der Monatsfrist, klagebefugt. Dies gilt ebenfalls für jeden einzelnen Wohnungseigentümer. Der Verwalter kann keinen Beschluss anfechten, der den mit ihm abgeschlossenen Verwaltervertrag betrifft. Dies gilt beispielsweise für einen Beschluss über die Veränderung der Verwaltervergütung (KG, WM 1986, 156). Gibt es für ein Wohnungseigentum aber mehrere Miteigentümer, wie z. B. Ehegatten, so ist jeder Miteigentümer allein antragsberechtigt. Dies gilt auch für Mitglieder von Erbengemeinschaften oder bei einer Gesellschaft des bürgerlichen Rechts (LG Bremen, DWE 1989, 33; a. A. BayObLG, ZMR 1991, 74). Der Wohnungseigentümer, dessen Stimmrecht ruht, kann ebenfalls einen Antrag auf Anfechtung stellen.

Achtung: Wenn Sie Wohnungseigentum erwerben und nur eine Auflassungsvormerkung zu Ihren Gunsten im Grundbuch eingetragen ist, wobei Besitz, Nutzen und Lasten auf Sie übergegangen sind, sind Sie dennoch nicht antragsberechtigt, da Sie in der Wohnungseigentümerversammlung noch kein eigenes Stimmrecht haben.

Anfechtungsklage nach § 46 WEG

Rechtsschutzbedürfnis

Eine Anfechtungsklage kann nur dann gültig gestellt werden, wenn ein Rechtsschutzbedürfnis besteht. Ein Wohnungseigentümer oder der Verwalter hat ein Rechtsschutzbedürfnis, da der Wohnungseigentümer an fehlerhafte Beschlüsse nach Ablauf der Anfechtungsfrist gebunden ist und der Verwalter verpflichtet ist, fehlerhafte Beschlüsse auszuführen.

Dieses Rechtsschutzbedürfnis entfällt für den Verwalter nicht, wenn

- er eine neue Beschlussfassung in Aussicht stellt
- ein anderer Wohnungseigentümer bereits einen Anfechtungsantrag eingereicht hat
- er den Beschluss für unverbindlich hält
- der Beschluss bereits vollzogen ist

Das Rechtsschutzbedürfnis für die Anfechtung eines Beschlusses entfällt nicht, bevor dieser Beschluss bestandskräftig ist. Wird er angefochten, entfällt dieses Rechtsschutzbedürfnis nicht vor einer rechtskräftigen gerichtlichen Entscheidung. Es entfällt auch dann nicht, wenn ein Zweitbeschluss den Erstbeschluss bestätigt (BGHZ 106, 116). Der Wohnungseigentümer hat auch ein Recht auf Anfechtung für die Beschlüsse, denen er in der Versammlung selbst zugestimmt hat. Bei Mehrhauswohnanlagen ist zu beachten, dass für die Anfechtung nur die Wohnungseigentümer eines Gebäudes ein Rechtsschutzbedürfnis haben, die von dem Beschluss betroffen sind. Den übrigen Wohnungseigentümern fehlt hier das Rechtsschutzbedürfnis.

Wenn Sie vor Ablauf der Anfechtungsfrist oder während eines Anfechtungsverfahrens aus der Wohnungseigentümergemeinschaft ausscheiden, so muss je nach den vorliegenden Umständen geprüft werden, ob Sie noch ein besonderes Interesse an der Durchführung des Anfechtungsverfahrens haben. Ihr Rechtsschutzbedürfnis ist also möglicherweise bereits entfallen.

Gerichtsverfahren

Antragsgegner

Eigentümer, die keine fristgerechte Klage auf Ungültigkeitserklärung beim zuständigen Amtsgericht stellen, sind die Antragsgegner. Eine Entscheidung über die Gültigkeit des von Ihnen gefassten Beschlusses wirkt auch gegen alle Wohnungseigentümer und gegen den Verwalter. Der Klageantrag wird deshalb dem Verwalter, nach Eingang bei Gericht, als Antragsgegner für alle Wohnungseigentümer zugestellt.

Achtung: Wenn sich ein Eigentümer nach Fristablauf einem Klageantrag anschließt, so ist dieser Antrag wegen Fristversäumung zurückzuweisen.

Weist das Amtsgericht einen Klageantrag wegen Unzulässigkeit, beispielsweise wegen fehlenden Rechtsschutzbedürfnisses, durch Beschluss zurück, so kann ein anderer Wohnungseigentümer diesen Beschluss nicht mit der sofortigen Beschwerde angreifen. Dieses Recht steht nur dem Wohnungseigentümer zu, dessen Antrag zurückgewiesen wurde.

Bindungswirkung

Bei Beschlussanfechtung bleibt der betroffene Beschluss solange wirksam und verbindlich, bis er vom Gericht rechtskräftig für ungültig erklärt ist. Dies ist unter Umständen erst der Fall, wenn das Verfahren nach Jahren drei Instanzen durchlaufen hat. Ein Anfechtungsantrag hat also, anders als im Verwaltungsrecht, keine aufschiebende Wirkung. An diese Bindungswirkung sind auch andere als die mit dem Fall befassten Gerichte innerhalb anderer Verfahren gebunden.

Achtung: Um die Bindungswirkung zu durchbrechen, sollten Sie anregen, dass das berufene Gericht durch einstweilige Anordnung für die Dauer des Verfahrens eine vom angefochtenen Beschluss abweichende Regelung trifft. So kann das Gericht z. B. anordnen,

Anfechtungsklage nach § 46 WEG

dass der Beschluss solange nicht vollzogen wird, bis das Verfahren abgeschlossen ist. Wird beispielsweise der Beschluss einer Verwalterbestellung angefochten, so kann das Gericht durch einstweilige Anordnung einen vorläufigen Notverwalter bestellen.

Erklärt das Gericht einen Beschluss für ungültig, so verliert dieser Beschluss rückwirkend seine Wirksamkeit. Damit ist der Beschluss ungültig und als von Anfang an nichtig zu betrachten.

Entscheidungsmöglichkeiten des Gerichts

Ein Gericht kann einen angefochtenen Beschluss entweder für ungültig erklären oder den Anfechtungsantrag zurückweisen. Es kann und darf aber den Beschluss nicht abändern. Dem Gericht ist es also verwehrt, von sich aus einen neuen Beschluss zu fassen, da dies gegen die Autonomie der Wohnungseigentümer verstoßen würde. Sie können Ihren Anfechtungsantrag jedoch mit einem Antrag auf Anordnung einer bestimmten Maßnahme, die der ordnungsgemäßen Verwaltung entspricht, verbinden. Hier kann das Gericht den angefochtenen Antrag für ungültig erklären und den Beschluss anerkennen, der die gewünschte Maßnahme beinhaltet. Ohne einen derartigen Antrag ist es dem Richter nicht möglich, eine bestimmte Regelung zu treffen.

> **Profi-Tipp:**
>
> Wird ein Antrag auf Anfechtung rechtskräftig durch das Gericht abgewiesen, so ist der Beschluss endgültig bestandskräftig. Es kann nicht behauptet werden, dass dieser Beschluss nichtig sei.

Achtung: Ein Beschluss, der bereits vollzogen ist, dann aber rechtskräftig vom Gericht für ungültig erklärt wurde, muss wieder rückgängig gemacht werden, und jeder Wohnungseigentümer hat hierauf einen Anspruch, dass die Folgen des Beschlusses beseitigt

Gerichtsverfahren

werden. Dasselbe gilt auch für Rechtsgeschäfte, die der Verwalter vor der Ungültigkeitserklärung seiner Bestellung getätigt hat. Dabei ist zu beachten, dass ein bestimmtes Stimmverhalten der Eigentümer in der Eigentümerversammlung nur die Anfechtbarkeit des Beschlusses zur Folge haben kann, nicht jedoch einen Schadensersatzanspruch.

Stichwortverzeichnis

Abberufungsbeschluss 216
Abgeschlossenheitsbescheinigung 31
Abnahme 59
Abrechnungsperiode 112
Anfechtbarer Beschluss 192
Anfechtungsgrund 193, 211
Anfechtungsklage 138, 211
Antrag auf Ungültigkeitserklärung 196
Antragsberechtigung 216
Arglistiges Verschweigen 74
Auflassung 50
Aufteilungsplan 32
Ausstattung 46

Baumangel 61
Begründung der Klageschrift 192
Beschlussantrag 178
Beschlussfassung 116, 178
Beschlussgegenstand 154, 168
Betriebskostenverordnung 110
Bruchteilsgemeinschaft 23

Eigentümerversammlung 106
Einberufungsfrist 162

Einzelabrechnung 115
Ersatzvornahme 67
Erschließungskosten 52

Frist mit Ablehnungsandrohung 68

Gemeinschaftsordnung 34
Gesamtabrechnung 115
Gewährleistung 65

Haftung 102
Hausgeld 137
Hausgeldrückstände 116

Infrastruktur 48
Instandhaltung 139
Instandsetzung 139

Jahresabrechnung 105

Klagegründe 211
Klageschrift 192
Kopfprinzip 146

Mangelfolgeschäden 71
Minderung 68
Miteigentumsanteil 32, 114
Miteigentumsquote 36

Nachbesserung 65
Nacherfüllung 65

Stichwortverzeichnis

Nachzahlung 115
Nachzahlungspflicht 116

Protokoll 172

Quorum 161

Realprinzip 147
Rechtskraft 210
Rechtsmittel 210
Rechtsschutzbedürfnis 217
Redezeit 182
Rücklagen 109
Rücktritt 69

Schadensersatz 69
– großer 70
– kleiner 70
Selbstständiges Beweisverfahren 76
Sondereigentum 13, 109
Sondernutzungsrecht 27
Sonderumlage 116, 144
Standort 47
Stimmanteil 146
Stimmengleichheit 149
Stimmenthaltung 147
Stimmrechtsmajorisierung 148

Teileigentum 25
Teilungserklärung 33, 119

Ungültigkeitserklärung 192, 196, 211, 215
Unzeit 165

Verfahrensbeteiligte 209
Verjährung 74
Versammlungsprotokoll 95
Verteilungsschlüssel 114
Verwalter 81
Verwalterhonorar 83
Verwaltervertrag 107
Verwaltungsbeirat 90, 96, 100, 119
Verwaltungskosten 111
Verwaltungsvermögen 25
Verzug 66
Vetorecht 196
Vorauszahlung 136

Wertprinzip 147
Wirtschaftsplan 136
Wohnungseigentum 26
Wohnungseigentümergemeinschaft 23

Zwei-Wochenfrist 162
Zweitversammlung 167

Das Regelwerk des allgemeinen Privatrechts
Stets auf aktuellem Stand – nur 4,90 EUR

BGB
Bürgerliches Gesetzbuch
Mit den Nebengesetzen zum Verbraucherschutz, Mietrecht und Familienrecht

BGB
Bürgerliches Gesetzbuch
Mit den Nebengesetzen zum Verbraucherschutz, Mietrecht und Familienrecht
672 Seiten, Paperback
ISBN 978-3-8029-7418-2
nur 4,90 EUR

Schnell lassen sich mit dieser Textausgabe Rechtsfragen des täglichen Lebens und etwaige Rechtsverletzungen abklären.

Bürgerliches Gesetzbuch
BGB mit Einführungsgesetz

Verbraucherschutz, Produkthaftung
Allgemeines GleichbehandlungsG, BGB-Informationspflichten-VO, UnterlassungsklagenG, EG-VerbraucherschutzdurchsetzungsG, VerbraucherinformationsG, FernunterrichtsschutzG, TelemedienG, ProdukthaftungsG

Mietrecht, Wohnungseigentum
BetriebskostenVO, WohnflächenVO, HeizkostenabrechnungsVO, WohnungseigentumsG, ErbbaurechtsG

Familienrecht
LebenspartnerschaftsG, GewaltschutzG, VersorgungsausgleichG

Übersichtliche zweispaltige Darstellung, ausführliches Stichwortverzeichnis

Regelmäßig erscheinende Aktualisierungen berücksichtigen stets den aktuellen Rechtsstand.

Mehr unter:
www.WALHALLA.de

Bestellung über Ihre Buchhandlung oder direkt beim Verlag:

WALHALLA Fachverlag
Haus an der Eisernen Brücke
93042 Regensburg
Tel. 0941 / 56 84-0
Fax 0941 / 56 84-111
E-Mail: WALHALLA@WALHALLA.de